TOURISM

U0646476

职业教育旅游大类
系列教材

京师职教

JIUDIAN FUWU
LIYI

酒店服务
礼仪

主　编：王琳娜　程　恭　霍丽红

副主编：姜海涛　于凯琳

参　编：张　媛　王岑璐　董宇然

董永兵　巢　琳　郝　爽

赵双双　孙丽媛

北京师范大学出版集团
BEIJING NORMAL UNIVERSITY PUBLISHING GROUP
北京师范大学出版社

图书在版编目（CIP）数据

酒店服务礼仪／王琳娜，程恭，霍丽红主编 . －－ 北京 ：北京师范大学出版社，2025.1
ISBN 978−7−303−29962−1

Ⅰ．①酒…　Ⅱ．①王…　②程…　③霍…　Ⅲ.①饭店－商业服务－礼仪　Ⅳ．① F719.2

中国国家版本馆 CIP 数据核字 (2024) 第 107727 号

教材意见反馈　zhijiao@bnupg.com
营销中心电话　010-58802755　58800035
编辑部电话　010-58808077

JIUDIAN FUWU LIYI
出版发行：北京师范大学出版社 www.bnup.com
　　　　　北京市西城区新街口外大街 12-3 号
　　　　　邮政编码：100088
印　　刷：鸿博睿特（天津）印刷科技有限公司
经　　销：全国新华书店
开　　本：889 mm×1194 mm　1/16
印　　张：8.5
字　　数：177 千字
版　　次：2025 年 1 月第 1 版
印　　次：2025 年 1 月第 1 次印刷
定　　价：39.80 元

策划编辑：易　新　　　　　　责任编辑：易　新
装帧设计：焦　丽　　　　　　美术编辑：焦　丽
责任校对：陈　民　　　　　　责任印制：赵　龙

版权所有　侵权必究
反盗版、侵权举报电话：010-58800697
北京读者服务部电话：010-58808104
外埠邮购电话：010-58808083
本书如有印装质量问题，请与印制管理部联系调换。
印制管理部电话：010-58800608

前　言

中国乃礼仪之邦，讲"礼"重"仪"。《荀子》中写道："人无礼则不生，事无礼则不成，国家无礼则不宁。"礼仪不仅是人们素质提高的表现，更是社会文明进步的象征。

作为现代礼仪的重要组成部分，酒店服务礼仪是酒店员工向酒店宾客表示尊重和友好的一种形式，也是为宾客提供服务时所应遵循的行为准则和规范。这种规范化的行为体现在仪容仪表、仪态举止、服务用语以及不同环境下的礼仪规范之中。

"酒店服务礼仪"作为高星级饭店运营与管理专业的核心课程，从培养酒店服务人员的礼仪习惯和礼仪服务规范入手，旨在增强学生的服务意识，提升其服务技能，规范其职业礼仪。通过这门课程的学习，学生将能够在进入工作岗位后以合乎礼仪、自然得体的方式服务客人，展示出良好的职业风采。

本书根据酒店服务工作实际需要的职业能力进行内容设计，以能力培养为核心。通过高仿真的工作环境，针对酒店服务的整体要求和岗位要求，训练学生掌握酒店对客服务过程中的礼仪规范，熟悉各种服务礼仪操作技能，并能够在服务中灵活运用。

本书不仅注重培养学生在酒店服务岗位应该具备的礼仪能力和酒店服务文化的实践操作能力，还充分考虑了学生的职业发展需要。本书以酒店工作的真实情境作为项目的引语，将酒店服务中的服务理念、意识、责任和情感等融入每一个具体的任务中。通过任务安排、信息学习、任务训练等环节，引导学习者自然而然地进入学习过程，根据学习需求，设计并优化礼仪服务、使服务更加完美。

本书以任务和活动的形式设计框架结构，共分为 6 个项目。每个项目由 1～2 个任务组成，并在每个任务下设计了活动、信息页、任务单及任务评价等内容，便于教师根据具体情境进行礼仪训练和安排学生自主学习，这符合当前职业教育的"做中学"的指导思想。本书内容贴近实际工作环境，融入了大量典型案例、礼仪训练、情境模拟等，具有较强的可读性和可操作性。同时本书精选了最新的礼仪规范图片，以直观展示酒店服务的实际工作情境，更具有指导性和实用性。

本书编写团队包括职教专家、"双师型"教师以及企业专家，其中具有高级职称者 3 人，双师型骨干教师 6 人。企业专家团队涵盖呼和浩特、包头、鄂尔多斯、乌兰察布等地区有代表性的酒店专家、全国知名数字资源企业专家、全国旅游业指导委员会委员等。企业专家为本书提供了大量的编写建议、技术支持、案例及素材等。

在编写过程中，本书参考了许多酒店、礼仪专家学者的相关书籍和研究成果，在此深表感谢。

由于编者水平有限，书中难免存在疏漏之处，我们恳请读者在使用过程中提出宝贵意见和建议，以便我们在今后的教学和实践中不断改进和提高。

编　者

目　录

项目一

礼宾服务礼仪

礼宾服务礼仪是宾客办理入住之前、结账离开之后，酒店的迎来送往服务工作中所需具备的礼仪。一般包括酒店前厅（门童）迎送服务礼仪和行李（员）服务礼仪等。从宾客抵达酒店到离开酒店，礼宾服务人员都应以亲切、有礼、周到、细致的服务，为宾客营造愉悦的氛围。

学习目标

1. 能够结合酒店专业岗位，培养良好的服务意识，并具备较高的专业技能。

2. 了解酒店前厅（门童）迎送服务礼仪和行李（员）服务礼仪，掌握迎送宾客、开关车门服务礼仪规范。

3. 能够在酒店前厅迎送服务中注重礼仪，令客人感受到亲切、热情以及被重视。

4. 能够在行李服务中注重礼仪，令客人感受到被尊敬，并享受到便利服务。

5. 掌握形体姿态正确的训练方法。

任务一　了解酒店礼宾（门童）迎送服务礼仪

酒店前厅设有专门负责迎送宾客的人员，主要职责是代表酒店在酒店门口、前厅接待宾客，是宾客来到酒店后见到的第一批员工，也称为门童。门童为宾客提供迎送服务，要特别注意礼仪，向宾客表示敬意，随时恭候宾客的光临。

工作情境

小李作为某五星级大酒店的门童，每天都要在热闹的大厅门前迎来送往大量的宾客。他引导车辆手势规范，为宾客开车门、护顶，并亲切地问候宾客……

具体工作任务

1. 掌握迎送宾客服务礼仪；

2. 掌握开关车门服务礼仪；

3. 完成任务一中各项服务礼仪的案例分析及处理。

扫二维码

门童服务礼仪

活动一　迎送宾客服务礼仪

酒店应该努力为宾客营造一种"宾至如归"的氛围。门童代表酒店的形象，要站有站相、坐有坐相，工作中的各种姿态都要符合规范。宾客来到酒店，第一眼看到的就是迎客的门童。下面我们就来进行站姿礼仪训练，做一名站姿挺拔、气宇轩昂的门童吧！

扫二维码

仪态礼仪——站姿

★ 信息页

一、站姿礼仪

良好的站姿会给人以精力充沛、信心十足、积极向上的印象，还能够给周围人带来蓬勃的朝气，更可以体现出酒店员工良好的素质及形象。

图1-1　标准站姿　　　图1-2　服务站姿1　　　图1-3　服务站姿2

（一）标准站姿（见图 1-1）

1. 头部：头正，双目平视，下颌微收。

2. 双肩：双肩展开，放松、稍向下沉，呼吸自然。

3. 上身：收腹、立腰，上身挺直，身体有向上的感觉，双臂自然下垂，处于身体两侧，手指自然弯曲。

4. 双腿：立正，双腿并拢，两脚后跟靠紧，脚尖分开呈"V"形，两脚尖距离约一拳的宽度。

（二）服务站姿

服务站姿 1（见图 1-2）：此站姿无论男士还是女士均可采用。在标准站姿的基础上，双手相握，一只手搭在另一只手上，大拇指交叉放于掌心内，自然垂放于体前（或腹部）。眼睛平视前方，面带微笑，显示出彬彬有礼的姿态。

服务站姿 2（见图 1-3）：此站姿只适用于男士，且与宾客交谈时不可使用。将相握的双手置于背后，双臂肘关节内侧与腰间距离约一拳，双脚平行分开，分开宽度以一个脚长为宜。

在迎送宾客时，站姿要规范。当采用站姿与宾客交谈时，要掌握好与宾客的安全距离，一般保持在 50～70 厘米，不要过近或过远。

工作时间，不能出现身斜体歪、弯腰驼背、两腿交叉、倚桌靠墙、双腿弯曲或不停颤抖、双手叉腰或插兜、双臂交叉抱于前胸等不雅和失礼的姿态，这些都会破坏自己的形象，甚至破坏酒店的形象。

二、微笑礼仪

微笑是一种表情，起着沟通人际关系、表达感情的重要作用。同时，在酒店服务行业，微笑还是一种职业需要，是酒店员工对宾客服务心理的外在体现，也是宾客对酒店服务形象最直观的第一印象。微笑是要发自内心的。有礼貌的微笑是温馨自然的，是富有亲和力并扣人心弦的，是一个人真实情感的表露。语言和微笑都是传播信息的重要符号，应时刻注意将真诚的微笑与美好的语言相结合。

扫二维码

微笑礼仪

注视时间：3～5 秒。在与宾客交流时，要注视对方，但时间不宜过长或过短，目光也不要突然移开；掌握好给予宾客微笑的次数，一般保持在 2～3 次为最佳。

注视区域：面部双眉到唇心的倒三角区域。要注意注视角度，一般以平视或仰视为主，以表示尊敬；注意倾听对方的谈话。

拓展阅读

某知名酒店的成功秘诀

创立于 1919 年的某知名酒店，在近 100 年的时间里，从一家普通的酒店扩展到全球 300 多家连锁店，成了酒店业的"巨无霸"。如今，该酒店已是世界顶级豪华酒店的代名词。入住该酒店，宾客不仅能享受到宾至如归的服务，而且也成为尊贵身份的象征。

该酒店成功的秘诀之一就是牢牢确立自己的企业理念，并把这一理念贯彻到每一个员工的思想和行为当中。该酒店营造出"宾至如归"的文化氛围，注重企业员工礼仪的培养。并通过"秘诀"体现出来。这个秘诀是什么呢？该酒店创始人的母亲说："要使经营真正得到发展，只要掌握一个秘诀，这个秘诀简单、易行，不花本钱却又行之长久。"这个秘诀不是别的，就是微笑，只有微笑才同时具备以上4个条件，且能发挥强大的功效。此后，"微笑服务"就成了该酒店经营的一大特色。

该酒店的创始人在几十年里，不断地到他分设在世界各地的酒店视察业务。每天他至少到一家酒店与酒店的工作人员接触，向他们问得最多的一句话必定是："今天，你对宾客微笑了没有？"

三、致意礼仪

致意是用行为向别人表示问候，是最常用且最简单的礼节。致意的种类有很多，比如点头致意、欠身致意、挥手致意等。致意能够拉近酒店员工与宾客的距离，表达对宾客的敬意、诚意，或者歉意。

1. 目视宾客：面带真诚的微笑。

2. 欠身致意：在标准站姿的基础上，以髋关节为轴，上身前倾约15°，头、颈、背应保持在一条直线上。

3. 点头致意：在标准站姿的基础上，头部微向下，轻轻点头。

4. 挥手致意：在标准站姿的基础上，伸出右手，手指与头顶高度保持水平，自然挥动2～3次，挥动速度要适中。

四、问候礼仪

门童与宾客见面时要主动问候，虽然只是打招呼、寒暄或是简单的三言两语，却代表着对宾客的尊重。问候礼仪需要注意以下几个方面。

1. 宾客抵达酒店时，门童应微笑着为宾客打开车门，对宾客表示欢迎。

2. 要向宾客点头致意或欠身致意，用规范的问候语，如"欢迎光临"等。问候宾客时要主动、热情、大方。

3. 对重要宾客或常客要准确礼貌地尊称其姓氏，住店宾客进出酒店同样要热情招呼致意。

★ 形体训练：身体活动组合训练

形体训练是以人体科学理论为指导，通过各种身体练习以增进健康、增强体质、塑造体型、训练仪态、陶冶情操的训练。通过系统的综合训练，可以塑造服务工作岗位人员的优美体态，培养他们高雅的气质，纠正生活中的不良体态。因此，对服务类专业的在校学生，进行形体训练是尤其重要和必要的。

身体活动组合：活动组合是每次开始训练之前做的身体准备活动，在训练之前，一定要让身体的各个部位活动开，这是训练开始前的必备练习。

通过练习，将头、肩、颈、胸、腰、胯等身体的各个关节打开，避免训练时肌肉与韧带拉伤。同时，还要训练身体的灵活能力与模仿能力。

身体活动组合训练

（一）训练准备

1. 配有镜子、把杆、专业地板的标准训练房。

2. 软底鞋、有弹性的衣服。

3. 节奏感强的音乐以及播放设备。

（二）训练方法与要领

1. 动作中始终保持站立的基本姿态。

2. 头部、肩部、腰部、胯部等做动作时，一定要最大限度地将动作打开。

3. 做跳跃动作时要注意动作的舒展，真正起到打开身体关节的作用。

（三）训练内容

准备：双脚打开，双臂自然下垂（见图1-4）。

第1节　头部练习（共4×8拍）

1×8拍　1-2拍低头，回正（见图1-5）。

3-4拍仰头，回正（见图1-6）。

5-6拍右倾头，回正（见图1-7）。

7-8拍左倾头，回正（见图1-8）。

图1-4　　　　　图1-5　　　　　图1-6　　　　　图1-7　　　　　图1-8

2×8 拍　1-2 拍右拧头，回正（见图 1-9）。

3-4 拍左拧头，回正（见图 1-10）。

5-6 拍下弧线右至左转头。

7-8 拍下弧线左至右转头。

3×8 拍　向右转头一圈。

4×8 拍　向左转头一圈。

图 1-9　　　　　　　图 1-10

第 2 节　肩部练习（共 4×8 拍）

1×8 拍　1-2 拍右单肩耸肩，还原（见图 1-11、图 1-12）。

3-4 拍左单肩耸肩，还原（见图 1-13、图 1-14）。

5-8 拍双耸肩两次，两拍一次（见图 1-15、图 1-16）。

图 1-11　　　　　　　图 1-12　　　　　　　图 1-13

图 1-14　　　　　　　图 1-15　　　　　　　图 1-16

2×8 拍　1-2 拍右前单绕肩（见图 1-17）。

3-4 拍右后单绕肩还原（见图 1-18）。

5-6 拍左前单绕肩（见图 1-19）。

7-8 拍左后单绕肩还原（见图 1-20）。

图 1-17　　　　　　图 1-18　　　　　　图 1-19　　　　　　图 1-20

3×8 拍　1-4 拍双肩前绕肩两次。

　　　　　5-8 拍双肩后绕肩两次。

4×8 拍　做 4 次含胸展胸，1 拍 1 次。

　　　　　第 1 拍含胸同时手腕相靠（见图 1-21）。

　　　　　第 2 拍展胸同时手臂打开（见图 1-22）。

图 1-21　　　　　　图 1-22

第 3 节　横移拉肩，含展练习

1×8 拍　1-2 拍双腿打开与肩同宽，五指张开，双手平举，向右拉肩横移两次（见图 1-23）。

　　　　　3-4 拍与 1-2 拍动作相反（见图 1-24）。

　　　　　5-8 拍重复 1-4 拍动作。

2×8 拍　1-2 拍左脚点靠在脚窝处，面对二方位，含胸低头（见图 1-25）。

　　　　　3-4 拍左脚打开，大臂端平，小臂上举，五指张开（见图 1-26）。

　　　　　5-8 拍与 1-4 拍动作相同，方向相反。

3×8 拍　与 1×8 拍动作相同，方向相反。

4×8 拍　与 2×8 拍动作相同，方向相反。

图 1-23　　　　　　图 1-24　　　　　　图 1-25　　　　　　图 1-26

第 4 节　开肩开胯练习

1×8 拍　1-2 拍推地移重心到右脚，左脚尖点地，双手平举（见图 1-27）。

　　　　3-4 拍收左脚与右脚相并，小臂收回重叠含胸低头（见图 1-28）。

　　　　5-6 拍打开左脚，重心在双脚上，双手头顶交叉（见图 1-29）。

　　　　7-8 拍拧身对二点方向。

2×8 拍　向后拉肩，2 拍一次，做 4 次（见图 1-30）。

图 1-27　　　　　　图 1-28　　　　　　图 1-29　　　　　　图 1-30

3×8 拍　前腰贴腿，4 拍一次，做 2 次，第 2 遍时双手头上相握（见图 1-31～图 1-33）。

4×8 拍　弓箭步压腿，两拍一次，做 4 次（见图 1-34）。

5×8 拍～8×8 拍　动作与前 4×8 拍相同，方向相反。

图 1-31　　　　　　图 1-32　　　　　　图 1-33　　　　　　　图 1-34

第 5 节　腰活动

1×8 拍～4×8 拍　涮腰 4 次，1-8 拍做一次（见图 1-35～图 1-40）。

5×8 拍　1-2 拍双脚打开，双臂平举（见图 1-41）。

　　　　3-4 拍下左旁腰，右手上举，左手自然下垂（见图 1-42）。

图 1-35　　　　　　图 1-36　　　　　　图 1-37　　　　　　图 1-38

图 1-39　　　　　　图 1-40　　　　　　图 1-41　　　　　　图 1-42

　　5-8 拍保持旁腰的的动作。

6×8 拍　与 5×8 拍动作相同，方向相反。

7×8 拍～8×8 拍　与 5×8 拍～6×8 拍动作相同，方向相反。

第 6 节　跳跃活动

1×8 拍　原地蹦跳步 4 次（见图 1-43）。

2×8 拍　与 1×8 拍动作相同，转身一圈，两拍一个方向。

3×8 拍　1-2 拍蹦跳步，手臂体下交叉两次（见图 1-44、图 1-45）。

　　　　　3-4 拍蹦跳步，手臂头上交叉两次（见图 1-46）。

　　　　　5-8 拍蹦跳步，大臂端平，右臂、左臂的小臂交换上举（见图 1-47、图 1-48）。

4×8 拍　与 3×8 拍动作相同。

图 1-43　　　　　　图 1-44　　　　　　图 1-45

图 1-46   图 1-47   图 1-48

第 7 节　整体活动

1×8 拍　1 拍右脚向前交叉上步，双臂体前交叉（见图 1-49）。

        2 拍左脚旁点地绷直，双手打开至旁按手位（见图 1-50）。

        3-4 拍同 1-2 拍的动作。

        5-8 拍后退跑跳步（见图 1-51）。

2×8 拍　1-2 拍右脚向旁错步，同时双手由前至后推开。

        3-4 拍与 1-2 拍动作相同，方向相反。

        5-8 拍重复 1-4 拍的动作。

3×8 拍　重复 1×8 拍拍动作。

4×8 拍　原地踏步，最后一拍收正步位（见图 1-52）。

图 1-49   图 1-50   图 1-51   图 1-52

（四）分组训练

根据班级实际情况，进行分组训练，由小组长负责。

（五）评价

训练结束后完成下面的评价表。

评价项目	表情、节奏（2分）	组合（3分）	动作（3分）	态度（2分）	总分（10分）	
评价标准	表情流露节奏准确	组合完整、流畅	动作熟练规范准确	能吃苦、有毅力、认真	自评	互评
第　组						
第　组						
第　组						
第　组						
点评小组记录	优点： 问题：					

站姿礼仪训练

（一）训练目的

使学生的站姿挺拔、舒展大方。

（二）训练程序及礼仪要求

1. 背靠墙训练：要求头正肩平，脚跟、小腿、臀部、双肩、后脑勺都紧贴墙站立，全身上下处于紧绷状态，尽可能保持站立得久一些。

2. 两人背靠背训练：脚跟、小腿、臀部、双肩、后脑勺彼此贴紧，在两人小腿和背部之间各夹一张纸，要求纸不能滑落，训练站立动作的稳定性。

3. 顶书训练：头顶书本、小腿夹纸，脖子挺直，训练站立动作的挺拔性。

4. 对镜训练：检查自己的站姿整体是否协调，要求面带微笑。

微笑礼仪训练

（一）训练准备

一面镜子，一本书，一首节奏欢快令人心情愉悦的乐曲。

（二）训练内容

1. 微笑眼神：播放音乐的同时，用书遮住面部，只露出眼睛。看着镜子里的自己，听着美妙的音乐，心情会随之舒畅，那么，请让自己的眼睛也笑起来吧。眼睛呈月牙状，眉头也舒展开，也就是我们常说的"眉开眼笑"。

　　2. 微笑嘴形：听着音乐，面对着镜子。把书从面部移开，看着自己的嘴唇，摆出普通话"一"音的嘴形，嘴角两端微微上扬，微露齿或不露齿均可。

　　3. 最美微笑：眼含笑意，嘴角向上翘起，两者的配合就是微笑的表情。

　　相同的动作反复几次，看着镜中的自己，找到最美的微笑。

活动二　开关车门服务礼仪

　　门童在指挥酒店门口来往车辆的同时，要为乘车来到酒店的宾客提供开关车门、护顶、协助行李员搬运行李、指示前台方向等服务，在服务过程中的礼节礼貌非常重要。

★ 信息页

一、手势礼仪

　　手势是人们在交往或谈话过程中用来传递信息的各种手部动作。在长期的社会实践过程中，手势被赋予了种种特定的含义，具有丰富的表现力，在体态语言中占有重要地位。作为一名酒店门童，要用规范标准的手势为宾客提供礼仪服务。

扫二维码

仪态礼仪——手势

　　1. 基本规范：五指并拢，掌心向斜上方，手掌与地面呈135°；手与小臂成一条直线，大臂、小臂之间呈130°；注意表情、站姿、致意、语言和手势的配合。

　　2. 指示方向：以右手做动作为例，以肩关节为轴，右手向斜前方抬起，指向目标方向。

　　3. 请进手势：以右手做动作为例，右手向右展开到体侧，肘关节与腰间距离约两拳，上身略前倾，面带微笑，目视宾客。

　　4. 请坐手势：以右手做动作为例，右手规范手势指向椅面，上身略前倾，面带微笑，目视宾客。

二、开关车门礼仪

　　开关车门是门童为宾客提供的重要礼宾服务之一，掌握开关车门礼仪是门童需要具备的基本素养。

　　车辆到店时，门童要热情迎上，使用规范手势引导车辆停妥。

　　1. 车辆停稳后，门童站在车朝向大门一侧的前、后门中间，准备开门。

　　2. 如果是出租车，门童需等候宾客付完车费再拉开车门。

　　3. 门童应目视宾客，面带微笑地为宾客开车门，欠身致意，向宾客表示问候，迎接宾客下车。

　　4. 护顶礼仪。用左手拉开车门，右手挡在车门上沿，为宾客护顶，防止宾客下车时碰伤头部，

并提醒宾客"小心碰头"。需要注意的是，不能为信奉佛教、伊斯兰教的宾客护顶。

5.开关车门要小心，勿碰宾客手脚。遇到老幼宾客，要注意扶老携幼。

6.宾客下车后，用规范手势为宾客引路。

[拓展阅读]

轿车的座次

按照国际惯例，当司机开车时，轿车座次遵循的规则是：以右为尊，后排为上。

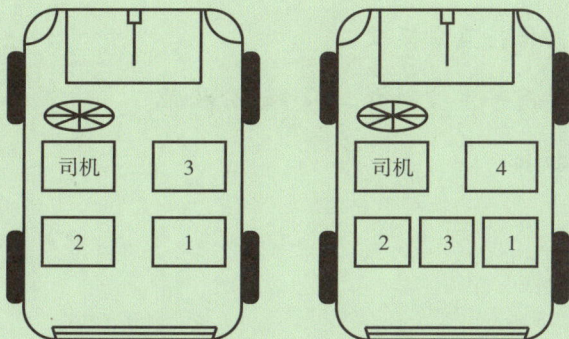

当主人开车时，轿车座次遵循的规则是：以右为尊，前排为上。

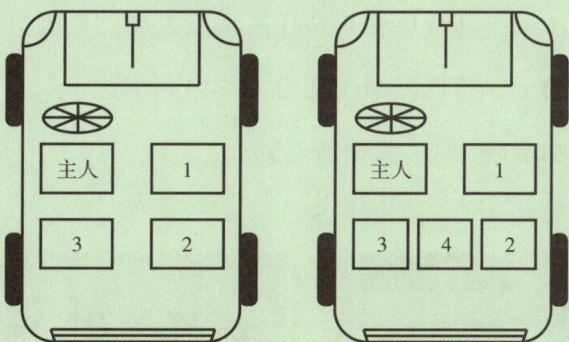

★ 形体训练：地面素质训练——头、颈、肩部训练

地面素质训练是基础的形体训练。双腿在没有体重负担的情况下，进行各部位关节、韧带、肌肉的素质和能力训练。通过训练能够较好地支配自己的肢体，使肢体得到充分的伸展。

要想姿态美，脊柱是关键。头颈位于脊柱的顶端，由于"状态反射"的作用，头颈的位置是否正确，对于形体姿态起着至关重要的作用。通过头、颈、肩部的训练，逐渐改善端肩缩脖、驼背屈脊的不良体姿，拥有挺拔的完美形体。

头、颈、肩部训练

（一）训练准备

1. 配有镜子、把杆、专业地板的标准训练房。

2. 软底鞋、体操服。

3. 相应的音乐以及播放设备。

（二）训练方法与要领

1. 拉长颈椎，上体始终保持直立挺拔。

2. 头颈姿态应自然并具有一定控制力，不可过分松弛。

3. 肩关节松弛，后背拉长。

（三）训练内容

训练1　头、颈基本动作

1. 准备。

坐地，双腿并拢绷脚，双手在体侧打开，中指指尖触地，双肩放平下压，后背立直，上体与大腿之间形成90°角（以下动作均在此动作基础上完成，见图1-53）。

2. 头放正，双目平视前方，下巴微抬（见图1-54）。

3. 上鼻尖带动，头顶向后仰45°（见图1-55）。

4. 下颌内收，头顶向前倾45°（见图1-56）。

图1-53　　　　　　　图1-54　　　　　　　图1-55　　　　　　　图1-56

5. 右头顶带动向右最大限度地倾斜，右耳尽量贴近右肩膀。双肩保持水平，忌耸肩（见图1-57）。

6. 左头顶带动向左最大限度地倾斜，左耳尽量贴近左肩膀。双肩保持水平，忌耸肩（见图1-58）。

7. 向右转动。头平行转向三方位，两肩放正，保持目光平视。忌转动时抬下巴（见图1-59）。

8. 向左转动。头平行转向七点位，两肩放正，保持目光平视。忌转动时抬下巴（见图 1-60）。

9. 环动。头正准备，环动过程头经过下、右、上、左、下、回正（环动可由左向右或由右向左）。

图 1-57　　　　　　　图 1-58　　　　　　　图 1-59　　　　　　　图 1-60

训练 2　肩部基本动作

1. 准备。双腿盘坐，双手置于体侧，后背挺直，头放正，平视前方（见图 1-61）。

2. 单耸肩。右肩或左肩耸起，落下。肩靠近耳朵，忌头主动碰肩。

3. 双耸肩。双肩同时向上耸起、落下，尽量向下压（见图 1-62、图 1-63）。

4. 肩部环动。双肩向前或向后环动画立圆。忌向前伸脖、驼背。

图 1-61　　　　　　　图 1-62　　　　　　　图 1-63

训练 3　组合练习（共 8×8 拍）

准备动作：坐地，双腿并拢，绷脚，双手在体侧打开，中指指尖触地，双肩放平下压，后背挺直，上体与大腿之间形成 90° 角。

1×8 拍　　1-2 拍头部向下。

　　　　　　3-4 拍头部回正。

　　　　　　5-6 拍头部向上。

　　　　　　7-8 拍头部回正。

2×8拍　　1-2拍头部向右。

　　　　　　3-4拍头部回正。

　　　　　　5-6拍头部向左。

　　　　　　7-8拍头部回正。

3×8拍　　头部向右环动一圈。

4×8拍　　头部向左环动一圈。

5×8拍　　重复1×8拍动作。

6×8拍　　1-2拍头向右转动。

　　　　　　3-4拍头部回正。

　　　　　　5-6拍头向左转动。

　　　　　　7-8拍头部回正。

7×8拍　　重复3×8拍动作。

8×8拍　　重复4×8拍动作。

（四）分组训练

根据班级实际情况，进行分组训练，由小组长负责。

（五）评价

训练结束后完成下面的评价表。

评价项目	表情、节奏（2分）	组合（3分）	动作（3分）	态度（2分）	总分（10分）	
评价标准	表情自然、节奏准确	组合完整、流畅	动作熟练、规范、准确	能吃苦、有毅力、认真	自评	互评
第　组						
第　组						
第　组						
第　组						
点评小组记录	优点： 问题：					

任务单

根据所学内容，完成单元工作情境任务：小李作为某五星级大酒店的门童，每天都要在热闹的大厅门前迎来送往大量的宾客。一位宾客乘车抵达酒店，小李用手势示意，引导司机将车停在方便宾客进入酒店且不影响交通的位置。他迅速稳健地来到车前，规范地为宾客开车门、护顶，并亲切地问候……宾客看到小李面带微笑、精明能干，酒店出入人员井然有序，暗自赞许酒店的服务到位。

评价项目	情境展示（4分）	手势示意（2分）	注意细节（2分）	表情流露（2分）	总分（10分）	
评价标准	情境安排合情合理，设置符合岗位要求	手势规范，有护顶动作	车门开启位，针对宾客情况分别处理	面带微笑，问候得体	自评	互评
第　组						
第　组						
第　组						
第　组						
点评小组记录	优点： 问题：					

任务评价

评价项目	具体要求	评价			
		优	良	差	建议
酒店礼宾（门童）迎送服务礼仪	1. 了解门童迎客服务礼仪				
	2. 掌握门童开关车门服务礼仪				
	3. 能够独立完成门童迎送服务				
学生自我评价	1. 准时并有所准备地参加团队工作				
	2. 乐于助人并主动帮助其他成员				
	3. 遵守团队的纪律				
	4. 全力以赴参与工作并发挥了积极作用				

续表

评价项目	具体要求	评价			
		优	良	差	建议
小组活动评价	1. 团队合作良好，都能礼貌待人				
	2. 工作中彼此信任，互相帮助				
	3. 对团队工作都有所贡献				
	4. 对团队的工作成果满意				
总计		个	个	个	总评

在酒店礼宾（门童）迎送服务礼仪的学习中，我的收获：

任务二　了解酒店礼宾（行李员）服务礼仪

行李员作为酒店迎送宾客的岗位之一，随时准备为宾客提供迅速友善的行李服务。行李员一般负责将宾客的行李从酒店大门口送到宾客房间，或将宾客房间的行李送到酒店门口或车上。在服务过程中，行李员应主动、热情、勤快、彬彬有礼。

工作情境

在某五星级大酒店，礼宾部行李员小张面带微笑地站立在大门一侧，留意着出入酒店的宾客。这时，门外有宾客乘车抵达酒店，小张看到门童手势示意，迅速来到车前，亲切地问候宾客，并开始进行行李服务。

具体工作任务

1. 掌握行李员迎送宾客礼仪；
2. 完成任务二中各项服务礼仪的案例分析及处理。

活动一　行李员基本服务礼仪

★ 信息页

一、行姿

"行如风"指的是人们行走时像风一样轻盈。行姿是站姿的延续动作，是在站的基础上展示人的动态美。行走往往是最引人注目的身体语言，一个人的行姿往往能折射出其内在，也能表现其风度和活力。良好的行姿是酒店行李员的基本功，在与宾客同行时，要处处体现对宾客的尊重和礼遇。

扫二维码

仪态礼仪——行姿

正确的行姿，能增添自信；不良的行姿，会给人留下不好的印象。因此，酒店行李员要时刻注意自己的行姿，要协调利落、有节奏感，具体礼仪要求如下。

行姿要求
1. 基本要点：抬头挺胸，上身挺直，收腹提气，目视前方，双肩端平，双臂自然摆动，手指自然弯曲，身体重心略微前倾，注意步伐的协调和韵律感。步幅大小以一个脚长的距离为宜，步速适中，脚步不可过重、过急。

2.女士：行走时轨迹为一条线，即两脚内侧在一条直线上，双膝内侧相碰。（见图1-64）

3.男士：行走时轨迹为两条线，即两脚内侧在两条直线上。（见图1-65）

图1-64　正确行姿

行姿禁忌

1.方向不定：行走时方向要明确，不可忽左忽右、变化多端。

2.速度不定：行走时不应左顾右盼、左右摇晃、忽快忽慢，也不能同手同脚（见图1-62）。

3.声响过大：行走时切忌用力过猛，鞋底蹭地等制造声响都是不良的行姿。

4.八字步态：行走时两脚脚尖向内侧或外侧构成内八字或外八字，都是不正确的步态。

图1-65　错误行姿

二、引领礼仪

引领，即为宾客指示行进的方向，并陪同宾客一同前往目的地。

1.引领宾客时，遵循国际惯例"以右为尊"，要站在宾客的左前方两三步的位置，宾客靠后、居右。

2.引领时，应侧身完成宾客的引领，不能背对宾客，要注意使用规范手势。

3.行至拐角、楼梯、路况不好的地段，应提前轻声提醒宾客。

4.引领时的行走步速，要根据宾客步速的变化而变化。

★ 形体训练：舞姿训练——中国古典舞基本手位、脚位训练

舞姿训练是形体训练中最重要的内容之一，也是美化身体形态最基础的练习。通过古典舞手位、芭蕾舞手位以及相应的姿态素质组合训练，逐步形成良好的姿态习惯，塑造优雅的气质神韵；同时在训练过程中伴随优美的音乐，接受美的熏陶，培养善于表现自我、敢于展示自我的能力以

及较强的心理承受能力。

中国古典舞基本手位、脚位：

1.通过不同的手形练习，掌握基本手形、手位、脚位的规范性，并灵活运用于各个姿态练习中。

2.通过手位的练习，基本掌握手臂的运动，并灵活运用于舞姿训练中，使姿态具有一定的表现力。

中国古典舞基本手位、脚位训练

（一）训练准备

1.配有镜子、把杆、专业地板的标准训练房。

2.软底鞋，有弹性、柔软有型的紧身弹力服。

3.相应的音乐以及播放设备。

（二）训练方法与要领

1.手形、手位、手腕、脚位应是舞姿训练的基础部分，应注意传达古典舞独特的风格。

2.无论哪种手形，力量都要集中到指尖，并有延伸感。

3.手腕练习时，注意手形上与舞姿动态的联系。

（三）训练内容

训练1 基本手形、脚位

练习1 基本手形

（1）兰花指（女）。食指至小指逐一伸直错开，中指突出，小指微翘，拇指与中指相贴呈兰花状（见图1-66）。

（2）虎口掌（男）。五指伸直，虎口张开，拇指根向掌心用力称为虎口掌。（见图1-67）。

 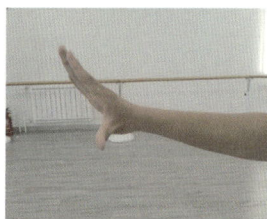

图1-66 　　　　　图1-67

练习2 基本脚位

（1）正步。

身体面向一方位，两脚相靠，脚指向斜前方，重心在双脚上（见图1-68）。

（2）小八字步。

身体面向一方位，两脚相靠，脚尖打开45°，脚指向斜前方（见图1-69）。

（3）大八字步。

在小八字步的基础上，双脚跟之间距离为一脚半，脚尖打开为45°，脚指向斜前方（见图1-70）。

（4）丁字步。

身体面向二点位，一脚脚跟靠在另一脚脚心处，形成丁字形，脚尖对着斜前方，重心在双脚脚面上（见图1-71）。

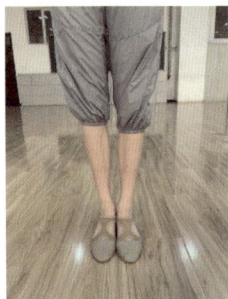 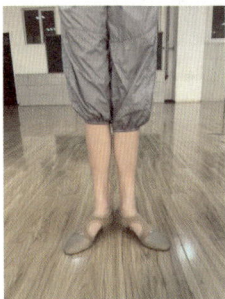 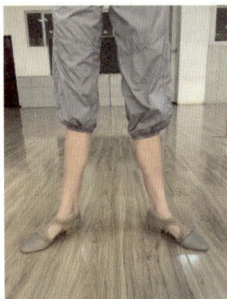 

图1-68　　　　　　　图1-69　　　　　　　图1-70　　　　　　　图1-71

训练2　基本手位：古典舞手位

（1）准备位。

双手兰花指，背在身后左右髋关节处，手指向斜下方身体的内侧相对（见图1-72）。

（2）山膀位。

手臂侧抬与地面平行，小臂内旋，腕部下按，外推成弧形，肘部弯曲。分为单山膀（见图1-73）、双山膀（见图1-74）。

图1-72　　　　　　　图1-73　　　　　　　图1-74

（3）托掌位。

手臂保持山膀状态抬至头上方与地面垂直，手心向上，兰花指，抬头时可以看到手。分为单托手（见图1-75）、双托手（见图1-76）。

（4）按掌位。

兰花指，手抬至身体前方，与胃部保持平行，掌心向下，手臂保持半圆状。分为单按掌（见图1-77）、双按掌（见图1-78）。

（5）顺风旗。

一手托掌位，一手山膀位，兰花指手心朝外（见图1-79）。

图1-75　　　　　图1-76　　　　　图1-77　　　　　图1-78　　　　　图1-79

训练3　古典舞手位组合训练

准备：面向一方位踏步准备位（过门音乐一个八拍）（见图1-80）。

1×8拍　　1-4拍右手抬手，眼神随手。

　　　　　5-8拍单山膀位，眼视一方位（见图1-81）。

2×8拍　　1-4拍右手提腕，呼吸，抬手起。

　　　　　5-8拍变单托掌位（见图1-82）。

3×8拍　　1-4拍左手提腕，呼吸。

　　　　　5-8拍左手压腕，变按掌位（见图1-83）。

4×8拍　　1-4拍左手推指。

　　　　　5-8拍成右顺风旗位（见图1-84）。

图1-80　　　　　图1-81　　　　　图1-82　　　　　图1-83　　　　　图1-84

（四）分组训练

根据班级实际情况，进行分组训练，由小组长负责。

（五）评价

训练结束后完成下面的评价表。

评价项目	表情、节奏（2分）	组合（3分）	动作（3分）	态度（2分）	总分（10分）	
评价标准	表情流露节奏准确	组合完整流畅	动作熟练规范准确	能吃苦、有毅力、认真	自评	互评
第　组						
第　组						
第　组						
第　组						
点评小组记录	优点： 问题：					

行姿礼仪训练

（一）训练目的

先进行站姿训练，掌握站姿规范；后将学生每3人分成一组，分别扮演宾客及门童，通过模拟宾客进出场景，使学生掌握规范的行姿礼仪规范。

（二）程序及礼仪要求

1. 基本要求：双眼平视，手臂放松，挺胸收腹，收髋提膝，双手自然摆动，步幅以一个脚长为宜，行走稳定。

2. 进行前行步、侧行步、后退步和平衡性练习。

3. 陪同宾客行走：行李员走在宾客的左侧位置，接近门口时，行李员快步上前打开门，请宾客先行。

活动二　行李员迎送服务礼仪

行李服务是礼宾部为宾客提供的便利服务，宾客抵店和离店时需要行李员为其提供提拿、托运行李，引领介绍、回答咨询等服务。行李员在为宾客提供迎送服务时，要姿态端庄、操作规范、彬彬有礼，使宾客感受到春天般的温暖。

扫二维码

行李员服务礼仪

★ 信息页

一、迎接宾客礼仪

1. 宾客到店时，行李员要热情相迎，微笑问候，帮助提拿行李，并与宾客确认行李件数。推车装运行李时要轻拿轻放。若宾客坚持自携行李，则不要强行接提。

2. 宾客办理入住手续时，行李员应当在宾客身后两三步处侍立等候，照看行李并随时接受宾客吩咐。入住手续办完后，主动上前领取房门钥匙，引领宾客至房间。

3. 引领宾客时，行李员走在宾客左前方两三步处，随着宾客迈步的频率前进。拐角处或人多时，要提示宾客。行李员引领过程中可向宾客介绍酒店设施及服务项目。

二、搭乘电梯礼仪

行李员在使用电梯为宾客提供行李服务时，要注意搭乘电梯礼仪，做到主动、周到、安全。

1. 到达电梯口时，行李员放下行李，按住电梯按钮，等候电梯门打开，用手挡住电梯门并使其保持敞开状态，用规范手势示意宾客乘梯，行李员提行李后进，关电梯门后按楼层键（见图1-85）。

2. 在电梯厢内，行李员应当靠边侧站立，面对或斜对宾客，将行李放置在边侧不妨碍其他宾客的地方。中途有其他宾客搭乘电梯时，应礼貌问候。

3. 出电梯时，行李员在电梯厢内用手按住电梯按钮，使门保持敞开状态，用规范手势示意，请宾客先行，然后提行李跟随（见图1-86）。

4. 如果使用行李车，行李员应先将行李车推出，然后站在电梯外按住按钮，使电梯门保持敞开状态，用规范手势示意，请宾客出电梯。

图1-85　进电梯

图1-86　出电梯

三、送别宾客的行李服务礼仪

送别宾客是酒店服务的最后一个环节，同样十分重要。酒店行李员及其他酒店员工都应该对送客有充分的认识，并引起足够的重视。

1. 站立于大门两侧及行李柜台边的行李员见大厅内有宾客携行李离店，应主动上前帮助提拿，并送宾客上车。

2. 接到出行李的通知后，行李员应记清房号、宾客姓名、行李件数及搬运时间，在规定的时间内推车走行李通道，乘行李电梯至宾客房间。

3. 行李员进入房间搬运行李时，无论房门是关着还是开着，均要按门铃或用手指敲门，征得宾客同意后方可入房提取行李，并与宾客共同清点行李件数，检查行李破损情况，小心提拿并安全地运送到车上。

4. 放好行李后，要立即向宾客作好物品交接，并欠身致意感谢宾客的光顾，致告别语。

5. 如了解到宾客离店而未付账，在帮宾客运行李时，应礼貌告知宾客结账处的位置，并在宾客离店时，提醒宾客交回钥匙，向宾客道谢，祝宾客旅途愉快。

★ 形体训练：舞姿——芭蕾姿态训练

在头和身体的配合下，双臂准确地从一个手位到另一个手位进行移动练习。通过科学的训练，双臂能够具有优美的线条，动作具有协调性与连贯性，富有造型美和表现力。

芭蕾手位训练

（一）训练准备

1. 配有镜子、把杆、专业地板的标准训练房。

2. 软底鞋、体操服。

3. 相应的音乐以及播放设备。

（二）训练方法与要领

1. 无论手臂怎样交换，动作都要求流畅、连贯、平稳。

2. 起手时要向远延伸；双腿拉直收紧，不要挺肚子。

3. 在整个动作状态中要注意后背保持挺拔直立，有向上的感觉。

（三）训练内容

训练1　基本手位

1. 一位手。

脚呈小八字位，身体面向一方位双手下垂，置于体前，手心相对，食指自然伸直，中指、无名指、小指自然弯曲，肘部略微弯成圆弧形，拇指略靠近中指，小指靠近大腿臂稍离身体（见图 1-87）。

2. 二位手。

脚呈小八字位，身体面向一方位，双臂形状同一位，抬于胃部的高度，正前方向（见图 1-88）。

3. 三位手。

脚呈小八字位，身体面向一方位，双臂在二位的基础上上举，手心相对（见图 1-89）。

4. 四位手。

小八字位准备，身体面向二方位，一臂置于三位，一臂置于二位（见图 1-90）。

5. 五位手。

小八字位准备，身体面对二方位，一臂置于三位，一臂置于七位（见图 1-91）。

6. 六位手。

小八字位准备，身体面向二方位，一臂置于二位，一臂置于七位（见图 1-92）。

7. 七位手。

小八字位准备，身体面向一方位，双臂肘部微屈，两臂平举于身体两侧，呈大弧形（见图 1-93）。

图 1-87　　　　　图 1-88　　　　　图 1-89　　　　　图 1-90

图 1-91　　　　　图 1-92　　　　　图 1-93

训练2　手臂练习（芭蕾手位组合）

准备：一位手，一位脚，一个8拍。

1×8拍　保持一位手的位置，由小手指主动向上抬至二位手。

2×8拍　在二位手的位置上继续上抬成三位手。

3×8拍　一手保持在三位，另一手切至二位手的位置。

4×8拍　一只手保持在三位，另一只手从二位由指尖带领向旁打开。

5×8拍　一只手在旁不动，另一只手从三位切至二位手位置。

6×8拍　一只手在旁不动，另一只手从二位向旁打开形成七位手，手心相对。

7×8拍　由七位手到二位手再到三位手。

8×8拍　1—4拍三位手保持立脚尖。

　　　　5—8拍收至一位手，一位脚。

情境练习

有3位男性宾客乘车到达酒店，行李员为其提供行李服务，应注意哪些礼仪？如果其中有一位行动不便的宾客，又该如何服务？请写出服务细节。

任务评价

评价项目	具体要求	评价			
		优	良	差	建议
酒店礼宾（行李员）服务礼仪	1. 了解行李员基本服务礼仪				
	2. 掌握行李员迎送服务礼仪				
	3. 能够独立完成行李员服务工作				

续表

评价项目	具体要求	评价			
		优	良	差	建议
学生自我评价	1. 准时并有所准备地参加团队工作				
	2. 乐于助人并主动帮助其他成员				
	3. 遵守团队的纪律				
	4. 全力以赴参与工作并发挥了积极作用				
小组活动评价	1. 团队合作良好，都能礼貌待人				
	2. 工作中彼此信任，互相帮助				
	3. 对团队工作都有所贡献				
	4. 对团队的工作成果满意				
总计		个	个	个	总评

在酒店礼宾（行李员）服务礼仪的学习中，我的收获：

项目二

前台服务礼仪

前台是酒店的"窗口"，也是酒店服务与管理的"神经中枢"。前台担负着协调、沟通和指导酒店业务经营的重任，酒店的整体服务质量、服务水平都能在前台得到集中体现。酒店能否给到店客人"宾至如归"之感，给离店客人"宾去思归"之念，在很大程度上取决于前台的服务质量。而贯穿在酒店整个经营过程中的服务，其技巧和礼仪的质量，更是最重要的决定因素。

前台服务礼仪是酒店在为宾客办理预订、入住登记、离店结账、提供问询、行李寄存等各项服务工作中形成的礼仪规范和准则，是衡量前台服务水平优劣的重要依据。

学习目标

1. 具有较高的职业素养，具有团队精神、敬业精神。
2. 了解本专业的就业方向，及早做好职业规划。
3. 掌握递接物品的方法与注意事项。
4. 熟悉送别的基本礼仪知识。
5. 掌握服务语言艺术。
6. 能够在前台服务时注重仪容仪表。
7. 能够在前台接待中体现服务礼仪。
8. 能够在总机服务时注重礼仪。
9. 掌握鞠躬、蹲姿的训练方法与要领。

任务一　掌握前台接待服务礼仪

酒店前台是酒店的门面，酒店前台接待员应该是服务素养高、精通前台服务业务的人员，其直接为宾客提供帮助，使宾客的工作或旅行更加顺利愉快。

工作情境

酒店前台处人来人往，前台服务人员用甜美的微笑、得体的举止、礼貌温馨的言语，忙碌地接待着来自四面八方的不同类型宾客，有的要办理登记入住，有的正准备结账，还有的在咨询各种相关问题，前台工作正有条不紊地进行着。

具体工作任务

1. 掌握鞠躬、蹲姿的礼仪；
2. 掌握递接物品的方法；
3. 熟记问候礼仪；
4. 应用登记入住服务礼仪；
5. 掌握送别基本礼仪知识；
6. 应用离店结账服务礼仪。

活动一　登记入住服务礼仪

为宾客办理登记入住是前台对客服务的关键阶段，是宾客亲临酒店感受到正规服务的开始。抵达酒店要求入住的宾客，情况各有不同，无论是什么类型的宾客，前台接待都要做好相关的准备工作，迅速获得宾客的住店需求，完成入住登记表的填写，快捷、准确地为其办理入住，真心诚意地满足宾客的合理需求。登记入住礼仪主要包括仪容仪表礼仪、站立礼仪、微笑礼仪、目光沟通礼仪、递接物品礼仪和登记入住服务礼仪等。

★ 信息页

一、鞠躬的训练方法与要领

行鞠躬礼时面对宾客，视线由对方脸上落至自己的脚前 1.5 米处（30°礼）（见图 2-1）。

1. 在与对方目光交流的时候行鞠躬礼。
2. 行鞠躬礼时必须真诚地微笑，没有微笑的鞠躬

图 2-1　30°礼

扫二维码

仪态礼仪——鞠躬

礼是失礼的。

3. 鞠躬时必须立腰，头和颈部、背部在一条线上。

4. 鞠躬时，弯腰速度适中，之后抬头直腰，动作可慢慢做，这样令人感觉很舒服。

[拓展阅读]

几种错误的鞠躬方式

1. 只弯头的鞠躬。

2. 与宾客没有眼神交流的鞠躬。

3. 头部左右晃动的鞠躬。

4. 驼背式的鞠躬。

二、前台接待员仪容仪表

仪容仪表是一张无字的个人名片，是一个人的精神风貌和文明素质的外在体现。注重仪容仪表是酒店员工的一项基本素质。为了向客户提供优质的服务，酒店员工除了应具备良好的职业道德、广博的业务知识和熟练的专业技能之外，还要讲究礼节礼貌，注重仪容仪表。

1. 发型标准

基本要求：

（1）时刻保持头发干净整洁，并涂有适量摩丝。

（2）不留怪异的发型。

（3）头发看起来不可过分油腻。

（4）头发颜色自然。

（5）头发梳理整齐。

女士头发要求：

（1）头发若超过肩膀，就用发网扎起。发髻在后脑勺中部，不得低于耳垂底部。

（2）不允许使用除黑色以外其他颜色的发夹，外露发夹不得超过 4 个，头顶不得有发夹。

（3）前面头发必须固定，刘海在眉上两指（见图 2-2）高度。

男士头发要求：

（1）不留鬓角。

（2）头发不可超过耳朵或衣领，也不可遮住脸部，刘海不可超过眉毛（见图 2-3）。

图 2-2　女士头发要求　　　图 2-3　男士头发要求

2. 制服标准（见图 2-4）。

（1）合身。

（2）熨烫平整。

（3）干净整洁。

（4）所有扣子扣紧。

（5）名牌佩戴在胸部左上方并平行于地面。

（6）男士只允许穿黑色袜子。

（7）女员工穿酒店统一发放的丝袜，并且保证丝袜无破洞、无抽丝，工鞋光亮、完好。

图 2-4　标准制服展示

3. 注意事项

（1）不允许佩戴耀眼的首饰。

（2）只允许佩戴结婚戒指。

（3）女员工每只耳朵只能佩戴一个耳钉。

（4）不允许佩戴胸针、手镯、脚链、唇钉、鼻环、耳环。

（5）只允许佩戴传统型手表，不允许佩戴运动型或外形夸张的手表。

扫二维码

交换名片礼仪

三、递接物品礼仪

1. 递接物品礼仪的基本原则是举止要体现对他人的尊重（见图2-5）。

2. 用双手递物或接物。当只能用单手递接物品时，要用右手来完成。

3. 递物时要略欠身，面带微笑，目视宾客，并将物品直接递到对方手中；同时应留出便于宾客接物品的空间。

4. 递书、文件、资料等带文字性的物品时，要注意正面朝上。

图2-5

5. 文字方向正对宾客，以体现礼仪服务的细节。

6. 递笔、刀、剪之类尖利或危险物品时，需将尖端朝向自己，握在手中，而不要指向对方。

7. 要用双手接过宾客递给自己的物品，同时向宾客表示感谢（见图2-6）。

图2-6

[拓展阅读]

递接书报、杂志的方法

（1）书报、杂志名字面向宾客（见图2-7）。

（2）摆放顺序：1国家级书报，2地方级书报，3其他专业类书报。

（3）面带微笑，将报刊头面向宾客。

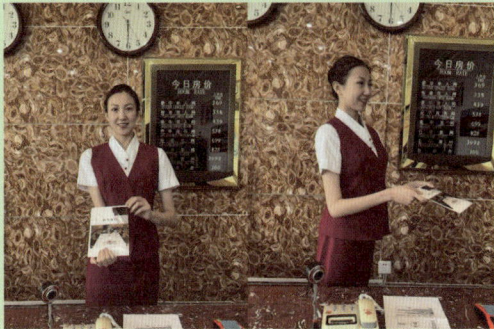

图 2-7

四、登记入住服务礼仪

1. 微笑服务，主动问客。当宾客到达前台时，应当用发自内心的愉悦心情接待宾客，主动欠身或点头致意并微笑问候宾客。

2. 服务周到，关照宾客。有较多宾客同时抵达时，应当按先后顺序依次为宾客服务，做到"接一答二照顾三"；不能只与一位宾客或熟悉的宾客谈话，而怠慢了其他宾客。

3. 推销适度，礼貌用语。为宾客介绍客房时应当准确，宣传酒店产品要实事求是，用恰当的语言，站在宾客的角度，为宾客提供参考建议，以免引起宾客的反感。

4. 双手递接。用双手向宾客呈递住宿凭证等物品。

5. 服务真诚。对住店宾客和非住店宾客应一视同仁；不论宾客选择酒店与否，都应对宾客的光临致以真诚的谢意，感谢宾客提问，欢迎宾客再次光临。

6. 注意细节。知道宾客姓氏后，应当以姓氏加尊称称呼宾客。

前厅接待服务人员在接待客人时应注意以下事项。

扫二维码

入住接待服务礼仪

（1）切记不要出现宾客到面前也不抬头、边写边谈、用笔指指点点等不礼貌的行为。

（2）一般来说，VIP 客人不在前台办理入住登记手续，而是在客房或贵宾室由客房经理直接办理，这是酒店对 VIP 客人的一种特殊礼遇。

（3）如果酒店无法为客人安排住宿，也不能对客人随意回复，要主动帮助其联络同等条件的其他酒店，经过客人的同意，要为客人介绍清楚，做到礼貌周到。为客人安排车辆，送客人到刚才为其预订的酒店。

[拓展阅读]

问候、称呼礼仪

称呼指的是人们在日常交往和应酬中彼此之间所采用的称谓语。在服务行业，响亮热情的称呼常常能让宾客心情愉快。

在宾客服务工作中，选择正确适当的称呼，能够体现出对宾客的重视和尊重，同时也体现酒店的服务修养和服务品质。

1. 称呼种类：职业称呼、职务称呼、性别称呼、代词称呼。

2. 称呼顺序：先长后幼、先上后下、先女后男、先疏后亲。

3. 称呼的选择：

（1）除了根据对方的职位、工作单位、性质、场合、年龄、性别等把握好分寸，准确称呼外，称呼时的表情语气也很重要。

（2）称呼地位比较高的客户时，目光、表情、身体姿态、语音的高低亲切与否，都非常关键。

（3）如果声音比较低沉，语气比较平静，客户可能就会觉得自己没有受到尊重和礼貌相待，但如果过于热情又会被认为为人势利，同时也会引起其他客户的反感。

（4）称呼客户时要注意自己的表情和声音，让在场的人感觉到你既热情、落落大方，又不卑不亢。

扫二维码

称呼礼仪

五、宾客提出退房、换房要求时的礼仪

1. 理解宾客。宾客提出换房要求时，要认真听取宾客的意见，真诚地表示理解宾客的感受，迅速为宾客换房，并告知宾客换房的时限。换房涉及行李较多时，应当主动通知行李员协助宾客搬运行李。因酒店原因导致宾客换房的，应当真诚地向宾客致歉，必要时应向宾客提供附加服务。

2. 温婉有礼。遇到宾客要求退房时，要温婉有礼，不能态度粗鲁或不高兴。要耐心地向宾客讲清酒店的有关退房规定，按规定手续为宾客办理退房。

任务单

一、鞠躬展示

评价项目	规范体态（6分）	表情流露（4分）	总分（10分）	
评价标准	动作标准、规范、适度	表情（微笑）和语言适度结合	自评	互评
第　组				
第　组				
第　组				
第　组				
点评小组记录	优点： 问题：			

二、递接物品展示

请各小组进行递接物品展示：分别递接文件、签约笔、剪刀和名片。

评价项目	规范体态（6分）	表情流露（4分）	总分（10分）	
评价标准	仪态大方、规范、适度	表情（微笑）和语言适度结合	自评	互评
第　组				
第　组				
第　组				
第　组				
点评小组记录	优点： 问题：			

三、展示前台优质服务

下发任务	情境：吴先生与自己的太太来海口旅行，在某酒店预订了豪华双人间。今天他们来到酒店前台准备登记入住，作为前台接待员的你该如何接待呢？	
如何服务		
细节		
评价	教师评价	
	学生自评	
	小组互评	

四、案例赏析——服务品质的区别

一个周末的黄昏，一对老年夫妇拎着沉重的行李来到了某酒店的前台，询问是否有空的房间。假设出现以下四种情况：第一位服务员详细检查了房间记录，确定已客满后，告诉客人没有房间；第二位服务员说："您把名字告诉我，我看看有没有房间。您没有预订过吗？抱歉，没房间。"第三位服务员说："先生，真抱歉，今天周末没有房间，您如果早点预订就好了，您出去逛一逛、等一等，我看看有没有预订过又不来的，让您候补。"第四位服务员说："真抱歉，没有房间，今天是周末，如果您早点预订就好了。不过，我们附近还有些不错的酒店，要不要

续表

我帮您查看有没有房间？"接着，他拿出两张免费的咖啡券，请这对老年夫妇到大堂坐一下，等候查询。在查询到另一家酒店还有空房后，他立刻联系该家酒店，在告知顾客并征得其同意后，请该酒店派车迎接。

【点评】通过以上的模拟，我们发现，服务也有品质上的区别。正如酒店有星级不同，服务的品质也有等级的差异。显然，高品质的服务会令顾客产生更佳的印象，进而成为酒店的忠实客户，为酒店创造更多的价值。

请你针对上述情境案例写一下你的感想吧：

_____

_____

_____

_____

活动二　离店结账服务礼仪

从方便宾客、提高服务效率的原则出发，现代酒店常采用一次性结账的方式，即宾客在酒店消费的所有费用在离店时一次性结清。结账服务关系到各方面的利益，应保证结账手续高效、准确、无差错且服务周到得体。离店结账手续是宾客离店前接受的最后一项服务，酒店应给宾客留下良好且专业的印象。

★ 信息页

一、送别基本礼仪知识

服务讲究的是有始有终，浑然一体的服务礼仪才能在客户心中留下良好的印象。客户认可某个企业的服务，绝对不会仅仅因为某个特色或是亮点，最终打动客户的一定是具有一致性的完整服务。客户也许会被某个服务细节所打动，但这一定是建立在总体服务水平能够被顾客认可和接受的基础之上的。所以服务是一个完整的循环圈，循环圈的每个点都很重要，客户到来时享受到了贵宾般的迎接礼遇，离开的时候也希望能享受同样品质的送别服务。

（一）饱满的送别服务

在设计服务流程时，要避免给客户带来"来的都是客，走的只是人"的糟糕感受，应把送别客户的流程设计得与迎宾流程一样饱满和丰富，让客人感觉到来和离开都是受到重视的。因此，在设计服务流程时要设计到客户离开为止，切忌虎头蛇尾。

（二）呈现一致的服务理念

全心全意为客户服务的理念是建立在服务链稳定的服务品质上，而不是某个环节上。要做到自始至终将服务理念融到服务行为和工作流程中，这样才能使客户满意。

（三）重视"末轮效应"

"末轮效应"是指在人际交往中人们留给交往对象的最后印象。它是一个单位或某个人留给交往对象的整体印象的重要组成部分，在某种程度上可以决定客户对服务的最终评价。"末轮效应"的理论核心是要求企业在为客户提供服务时，必须做到有始有终，始终如一。

（四）送别客户的方式

1. 语言。

客户离开时也要有声，如同欢迎声一样，声音要热情，这样才会给客户留下一个深刻的记忆。

2. 表情。

客户离开时礼貌道别，此时目光应注视客户，做到目中有人，千万不能流于形式，不冷不热的送别会起到适得其反的效果。

3. 姿态。

与客户道别时站姿要端正。歪着身子斜着脑袋看着客户，是对客户的一种不尊重，客户最直观的感受就是不被重视，因此服务员无论工作多么繁忙，也要暂停工作，站好向客户道别，这个环节可能仅仅需要几秒钟而已，客户从身边走过后，依然可以继续工作。

随着经济的快速发展，酒店的竞争也愈加激烈，纷纷推出新的服务项目，但其实最终能打动客户的仍是服务态度，服务态度如何体现在服务细节上，送别客户就是最重要的服务细节之一。

二、离店结账服务礼仪

1. 当宾客办理离店结账手续时，前台接待员首先要主动欠身或点头致意并微笑问候宾客，以熟练的业务技能，快速地为宾客准备好账单，款项应该当面结清，保证账目准确。

扫二维码

结账服务礼仪

2. 宾客对账单有疑问时，前台接待员应当耐心细致地进行解释，语调亲切柔和，直到宾客明白为止。

3. 当宾客遇到结账难题时，前台接待员能够站在宾客的角度考虑问题，积极帮助宾客解决问题。

4. 宾客结账后，前台接待员应将账单、发票等凭证装入酒店信封中，用双手呈递给宾客，目视宾客，向宾客表示感谢并欢迎宾客再次光临。

三、蹲姿礼仪

在对客服务中，服务人员为宾客捡拾物品或给宾客提供其他必要服务时，都要用到蹲姿。蹲式服务由此而来。在做蹲姿时，切忌弯腰撅臀。

扫二维码

仪态礼仪——蹲姿

姿势一：交叉式蹲姿　以左脚侧前为例（见图 2-8）

（1）左脚置于右脚的右前侧，顺势下蹲，使右腿从左腿后面向左侧伸出，两腿呈交叉状。

（2）下蹲后左小腿垂直于地面，左脚全脚着地，右脚脚跟抬起脚掌着地。

（3）两腿前后靠紧，合力支撑身体。

（4）臀部下沉，上身稍前倾。

姿势二：高低式蹲姿　以右脚在前为例

（1）下蹲时右脚在前前脚着地。

（2）左脚稍后脚掌着地、后跟提前。

（3）左膝低于右膝。

（4）臀部下沉、身体重心由右腿支撑。

图 2-8

注意：无论采用哪种蹲姿都要将两腿靠紧臀部下沉。在穿着短裙时，可略侧向客人下蹲捡拾物品。

任务单

一、请你来处理

下发任务	情境：王女士准备下午离开酒店，在结账时发现她的房卡丢失，作为前台接待员的你该如何处理呢？	
如何服务		
细　节		
评价	教师评价	
	学生自评	
	小组点评	

续表

二、请你来补救

李先生帮助住在某四星级酒店1050房的住客郑先生结账。酒店按惯例请宾客交回钥匙，但因李先生不是住客，不清楚郑先生究竟有没有带走钥匙，致电联系郑先生，却始终联系不上。于是，李先生希望酒店查找一下郑先生是否已将钥匙存放在酒店。酒店工作人员先后两次查找，都没找到郑先生交回的钥匙。李先生只好很不情愿地付了钥匙赔偿金。事后，酒店发现1050房间的钥匙宾客并没有带走，而是交给了停车场保安人员。

思考题：请问酒店应该采取怎样的补救措施？

任务评价

评价项目	具体要求	评价			
		优	良	差	建议
酒店前台接待服务礼仪	1. 掌握登记入住服务礼仪				
	2. 掌握解答问询服务礼仪				
	3. 掌握离店结账服务礼仪				
	4. 能够独立完成前台接待工作				
学生自我评价	1. 准时并有所准备地参加团队工作				
	2. 乐于助人并主动帮助其他成员				
	3. 遵守团队的纪律				
	4. 全力以赴参与工作并发挥了积极作用				
小组活动评价	1. 团队合作良好，都能礼貌待人				
	2. 工作中彼此信任，互相帮助				
	3. 对团队工作都有所贡献				
	4. 对团队的工作成果满意				
总计		个	个	个	总评

在酒店前台接待服务礼仪的学习中，我的收获：

任务二　掌握总机服务礼仪

电话总机是酒店内外联络的中枢，它既对外代表酒店的形象，又对内直接为宾客提供各种叫醒、查询、转接等服务。电话总机服务员，作为酒店"看不见的接待员"，是通过电话线让宾客感受到发自内心的热情和体贴入微的服务。

工作情境

电话铃声响起，话务员张丽立即端正坐姿，愉快地问候宾客："晚上好！这里是××酒店，很高兴为您服务。"入住本店 2008 房的王先生通过外线要求转拨 2010 号房间，但房间内无人接听，王先生希望留言：通知 2010 号房的李女士明天上午会议的时间和地点；同时还要求总机提供第二天早上 7：00 的叫醒服务，在 0：00-7：00 设置免打扰服务。张丽复述了王先生的要求，并完成了宾客留言和叫醒服务。柔和、甜美的声音使王先生倍感亲切和温暖。

具体工作任务

1. 熟练掌握总机服务的语言服务礼仪、接听电话服务礼仪、转接电话服务礼仪、电话叫醒服务礼仪等；

2. 按照酒店总机服务礼仪的规范完成训练，通过声音为宾客提供及时、准确的信息和服务。

活动一　语言服务礼仪

总机服务是酒店重要的"第一声"，是我们留给宾客的第一印象，话务员在接听电话时要有"我代表酒店形象"的职业意识；语言表达上要简练、准确；接电话时要有良好的心情，保持微笑，因为面部表情会影响声音的变化，要用声音去打动宾客。

总机服务员在工作过程中，需要以热情的态度、礼貌的语言、甜美的声音、丰富的知识和沟通的技巧，为宾客提供优质、高效的服务，让宾客感到满意和受尊重。总机语言服务礼仪的学习主要是为了在对客服务中，使用电话礼仪语言，妥善处理各种情况，在帮助宾客解决问题的同时，给宾客带来情感上的满足。

★ 信息页

一、服务语言艺术

语言是一种纽带，除了表情达意的功能外，还能起到消除误会、拉近距离、增进互相了解的作用。得体的语言、艺术的语言不仅能体现说话者的自身素质，还能彰显企业形象。说话很简单，但是要把话说好，就大有学问。要在恰当的时机对恰当的人说出恰当的话，需要智慧。

1. 讲究礼貌。恰当使用礼貌用语会提升语言品质，同样的话语只要在前面加个"请"字，客户受尊重的感觉就会油然而生。

2. 恰到好处。服务人员在工作过程中要确保自己的语言与服务有关，简明礼貌地表达服务内容即可，不要喋喋不休，要把更多的时间留给客户。

3. 音量适中。使用服务语言时，一定要声音柔和清晰，并且音量适中，既要确保客户可以听到，又不能妨碍客户之间的沟通交流。在涉及账户信息等私密信息时，要保护客人的私密信息，同时要保证服务质量。

4. 语言规范。在对客服务过程中，应尽量使用普通话，这是最规范、易懂、通行的交流语言。同时，还要注意遣词造句，尽量要文雅、准确，避免使用粗俗的语言。

5. 及时周到。语言讲究时效性，在适当的时候用适当的语言是最有效果的，如果错过绝佳的时机再说，效果就要大打折扣了。体现出服务品质的关键在于服务语言的及时周到。

二、电话语言礼仪

1. 使用普通话或相应的语言。

2. 应答自然、语气亲切。总机服务员要通过声音传递给宾客一种友善、愉悦的感受，让宾客听出你是有礼貌的，并能感受到你正在微笑（见图 2-9）。

扫二维码

电话礼仪

图 2-9

3. 语调柔和、语速适中。总机服务员接听电话时，应语调柔美、富有表达力，给人以亲切、热情的感受。

4. 发音清晰、悦耳动听、没有明显的喘气声。

5. 谈话中心突出，陈述简洁。重要的地方和难以理解的词应当强调、慢说，或停顿一下，或再重复一遍，保证对方听得明白。

6. 不随便打断对方讲话或插话，并不时地以应和语应答，表示在认真倾听。

[拓展阅读]

电话问候方式

1. 问候客人，使用礼貌和符合标准的问候语。讲话要直接对准话筒，语速要慢，表述要清晰。不要忘记微笑！

2. 问候外线客人，问候语："早上好／下午好／晚上好，××酒店，我是××，有什么可以帮您？"

3. 问候住店客人，如果是住店客人打来的电话，客人的名字会显示在控制台或电话上，问候语："早上好／下午好／晚上好，××先生／女士。客户服务中心，我是××，有什么可以帮您的？"

三、电话礼仪　语速、语调训练

（一）电话语速训练

酒店总机话务员在与客人交流时语速过快或过慢都会带给客人不舒服的感觉。培养良好的语言素养，学会有意识地控制自己的语速，让客人悦耳悦心。

语速训练：标准语速为一分钟260个字左右。请计时一分钟朗读下面的短文，测试一下自己的语速是否适当。

我站到了语文老师面前，准备开始背书。一开始我还有些忐忑，语速有点慢，但想起老师对我的肯定，我似乎就来了勇气，不再惧怕背书不过关的后果。一个个文字从我口中响亮地吐出，越来越流利……不一会，我已经背完了该背的内容。连我自己都感到些许惊讶。待我回到座位时，下课铃就响了。老师站起身来，对同学们说："这次考查结束。没有找我背书的同学留下来，其他人下课，刚刚那一节课我是在考验同学们的自信心，有没有勇气来找我背书。如果你没有自信，你就会陷入自我矛盾之中，这样永远都不可能成功。"说罢，有些同学已经露出了懊悔的神情，随即低下了头。

（二）电话语调训练

酒店总机话务员在与客人交流时要注意使用文明和礼貌的用语。要注意控制语调，问候的语言要用升调完成，致歉的语言需要用降调完成。看得到表情的语言，让总机话务员的表达更加规范生动。

问候语	"您好，××酒店""早上好""下午好"
请托用语	"请稍等""打扰您了""请说出您的需求"
致谢语	"谢谢""非常感谢"
应答语	"好的""明白""一定照办"
致歉语	"抱歉""对不起""打扰您了"

[拓展阅读]

总机服务员的规范用语

1. 外线电话打进来时，规范用语："您好（或早上好／下午好／晚上好）！这里是××酒店，请问您需要什么帮助？"

2. 转接遇忙音时，规范用语："对不起，电话占线，请稍等。""可以为您转接其他电话吗？"

3. 外线电话要求查找某人时，需要在认真倾听宾客需要查找的姓名和房间号的同时记录下来，并礼貌地对宾客说："请稍候！"

4. 当外线电话需要查找某人，而房间无人接听时，规范用语："×先生（或女士），很抱歉，电话现在无人接听，请问您是否需要留言或过一会儿再打过来？"

5. 提供叫醒服务时的规范用语："早上好！×先生（或女士），现在是早上×点钟，您起床的时间到了。"

6. 遇到拨错的电话，应婉转、谦恭有礼地告知对方拨错电话了，不可流露出恼怒的情绪。

★ 形体训练：形体协调训练

一、身体姿态

1. 站姿。双脚并拢正步站好，双腿直膝夹紧，收腹，挺胸，双手自然下垂于身体两侧，两肩自然下压，颈部上提，下颌微微抬起，眼睛平视（见图2-10）。

2. 蹲姿。双脚全脚掌着地同时并拢，屈膝，双手指尖扶地，身体重心位于正中，不要后倾，抬头，视1点方向（见图2-11）。

3. 坐姿。坐在地面上，双腿伸直，绷脚，两手臂在身体两侧伸手指尖点地，视1点方向（见图2-12）。

图 2-10　　　　　　　　图 2-11　　　　　　　　图 2-12

4.卧姿。

（1）仰卧。躺在地面上，面部朝上，双腿伸直夹紧绷脚，两手臂在身体两侧伸直，身体呈"十"字形（见图 2-13）。

图 2-13

（2）侧卧。侧身躺在地面上，面部朝前或朝后，双腿伸直夹紧绷脚，一只手臂在头的下方伸直，一只手臂屈臂放在胸前扶地（见图 2-14）。

图 2-14

（3）俯卧。面部朝下，平躺在地面上，两手臂向上伸直，双腿伸直夹紧绷脚（见图 2-15）。

图 2-15

二、手臂姿态

1. 手臂侧平举。站姿准备，双手臂伸直在两肩的高度成一条直线（见图 2-16）。

2. 手臂上平举。站姿准备，双手臂在头顶伸直，两臂贴近耳朵，掌心向前（见图 2-17）。

3. 手臂前平举。两腿站姿准备，上身挺直向前 90°，双手臂伸直和身体成一条直线，掌心向下，手指尖用力向前拉长身体（见图 2-18）。

图 2-16　　　　　　　　图 2-17　　　　　　　　图 2-18

三、腰部肌肉协调训练

1. 腹肌训练。腹肌训练无须辅助人员。仰卧准备，微屈膝，双手握拳在身体前面呈屈臂状态，起身时高度为 45°，不要完全起来。

2. 侧肌训练。侧肌训练需要有辅助人员来帮助完成。侧卧准备，微屈膝（辅助人员压在练习者的小腿处），双手抱于头后，侧肌发力，起身时越高越好。

3. 背肌训练。背肌训练需要有辅助人员来帮助完成。俯卧准备，直膝（辅助人员压在练习者的小腿处），双手抱于头后，后背肌肉发力，上身向上抬起越高越好。

任务单

一、电话服务礼仪

1. 电话礼仪中的 5 类文明用语有：＿＿＿＿＿＿＿＿＿＿＿＿＿＿＿＿＿＿＿＿＿＿＿＿

2. 问候外线电话时应说（英文）：＿＿＿＿＿＿＿＿＿＿＿＿＿＿＿＿＿＿＿＿＿＿＿

二、分组讨论

根据班级实际情况，针对下面的情况，进行分组训练，由小组长负责。

刚上岗 3 天的总机话务员马丽接到 2008 号房王先生的电话，说空调出现了问题。她将如何应答，并帮助客人解决问题呢？请回答，并完成电话处理的步骤。

如何回答：

_____

解决问题要领：

_____

三、评价

活动完成后完成下面的评价表。

讨论是否认真、热烈（2分）	要点是否齐全（5分）	是否注意到细节（3分）
总分		

活动二 接听电话服务礼仪

宾客住店期间，一般都是先联系总机帮忙解决问题。接听电话是总机话务员的日常工作，应及时接听，认真回应，态度要热情友好、善解人意，并知道巧妙终止。

★ 信息页

一、接听电话服务礼仪

1. 及时接听。左手拿电话，方便右手做记录。

2. 三声内应答。话务员应在电话铃响三声内接听电话。先问候宾客并报酒店名称。如遇电话繁忙让宾客久等时，接听电话时一定要先向宾客致歉。

3. 聆听要点。宾客讲话时，思想要集中，全神贯注地聆听。切忌中途打断宾客的讲话，应让宾客讲完话后再作答。

4. 认真对待。听不清宾客讲话或宾客讲话语速过快时，可以委婉地请宾客复述，避免凭主观想象随意回答。

5. 回应准确。回答宾客询问时，表达要准确清楚，语言要简洁，语气要热情友好，即使再忙也不能仓促应对和恼怒。宾客听不清时，应当耐心重复，始终给宾客耐心温和的感受。

6. 善解人意。回答宾客问话时，要积极、婉转；宾客心情不好，言辞过激时，应保持平和的心态。

7. 真诚致谢，礼貌挂断电话（必须等客人先挂断）。

[拓展阅读]

倾听的艺术

1. 露出真诚的微笑。

笑容能够鼓励说话者，激发他们的表达热情，使说话者在心理和思想上都放松下来，进而给谈话营造一个舒适、轻松的环境。如果我们在沟通交流时，彼此都面带微笑，那么沟通就会顺畅很多。

2. 准备聆听的姿态

在与客户交流时，倾听的一个重要标志就是能够暂停手边无关的事项，至少能够在客户最初开口时暂停一下，以示倾听，也表示客户可以开口了。准备聆听的姿态，除了身体上的，还有心理上和必要的物品准备，比如需要记录时，要准备好笔和纸等。

3. 身体适当地前倾

要想让对方感受到友好的倾听氛围，服务人员只要在交流时将身体略微前倾，友好的交流氛围也就营造出来了。客户收到这种积极的行为暗示，表达也会更加流畅。而把身体向后靠，傲慢和拒绝的感觉就会油然而生。在倾听客户表达时，身体略微前倾，能够让客户有继续交流的意愿。

4. 随声附和的音调

想要让客户知道服务人员在认真倾听，就需要做出适当的回应，比如随声附和："是这样，嗯，好的，是是。"客户的不满就在服务员的倾听、回应和道歉中消失了。

5. 热情友好的目光

五脏系于目，眼睛是心神外现的地方，你内心的情感可以从眼神中传递出来，而眼神所传达出的信息会影响到沟通的效果。客户在表达时，我们应该用热情友好的目光注视客户。在语言交流的同时目光也是非常重要的。交流时要视具体内容而定，不需要自始至终盯着客户，而是尽量"散点柔视"。

6. 配合适当点头

点头是一种致意礼仪，表示对别人的尊重。在沟通过程中，点头意味着听明白了，听到了，很多服务人员不敢点头，怕客户以为点头就是同意。其实在交流中，点头是一种礼貌，只是向客户表达你在倾听，并不会影响客户对事情的判断。因此，在与客户沟通过程中，要用适当的点头来回应客户。

二、接听电话的姿势仪态

1. 三声之内，迅速接起。及时应答，以表达对来电者的尊重，并体现酒店的工作效率。

2. 端坐直立，昂首挺胸。"声音是人的第二张脸。"保持正确的坐姿或站姿，有利于气运丹田，使声音自然、清晰、流畅、动听。

3. 积极聆听，详细记录。左手持听筒，右手执纸笔。仔细倾听客人的要求，切不可中途打断，不时使用"好、对、是"给予客人积极的反馈。"好记性不如烂笔头"，适当记录，确保从容作答。

4. 通话结束，缓挂轻放。通话结束时，务必等对方挂断电话后，再轻轻放下听筒。任何时候不得用力掷听筒，以表达对对方的尊重。

三、总机服务注意事项

总机服务员要给宾客提供规范、高质量的服务。需要心平气和，用微笑来美化声音，从而让宾客感到亲切、热情、周到。怎样才能心平气和呢？总机服务员在上岗前要做必要的礼仪准备工作。

1. 仪容礼仪：淡妆上岗。头发、面容、手等符合礼仪要求；统一着装，鞋袜、领带符合要求，戴好工号牌。

2. 仪态礼仪：坐姿端正、站姿挺拔。始终面带微笑。

3. 声音礼仪：使用普通话或规定的语言，称呼恰当、吐字清晰、用词准确、语气亲切、语调柔和、语速适中、语言简练；认真倾听。

四、坐姿礼仪

坐姿是一种可以维持较长时间的工作姿势，也是一种主要的休息姿势。良好的坐姿不仅有利于健康，而且能塑造沉着、稳重、文雅、端庄的个人形象。

1. 坐姿要求。

（1）入座时要轻、稳、缓。走到座位前，用右腿感知和椅子的距离，然后轻稳地坐下。

（2）男士坐下时，要挺直脊背让身体重心下垂，两腿与肩部同宽，双手可以自然地放在双腿上。但在与人交谈或作会议发言时，不要坐满整个椅部，让臀部与椅背略有空隙，大腿和小腿的夹角约为 90°。

（3）女士应膝盖并拢，永远都不能分开双腿。腰脊挺直，双手自然相叠放在一条腿上，背部直立不能完全倚靠在椅背上，坐满椅子的 2/3 即可。落座的时候，应从座位左侧入座。女士着裙装入座时应扶裙摆，确保裙子平整再坐下，双膝并拢或交叉，动作轻盈而协调。起立时右脚先向后收半步，站起，向前走一步，再转身走开。

扫二维码

仪态礼仪——坐姿

图 2-19

2.注意事项。

（1）任何时候都不能抖腿、大幅度跷二郎腿、用一只脚在地上打拍子或者双腿分开太大。

（2）女士坐姿要求两膝不分开，即使跷腿，两腿也要合并（见图2-19）。

（3）与宾客一起入座或同时入座的时候，要分清尊次，一定要请对方先入座。一般讲究左进左出，这是"以右为尊"的一种具体体现。

（4）坐的时候动作要轻，两脚交叠而坐时，悬空的小腿要回收，并将脚尖屈向下，以给人高贵、大方之感。

（5）不要在别人面前就座时出现仰头、低头、歪头、扭头等情况。

（6）坐椅面的2/3比较合乎礼节，通常上身不应当完全倚靠着椅背。

任务单

一、留言电话的礼仪对话训练

话务员：您好！××酒店。

宾客：你好！请接2008号房间。

话务员：请问您要找哪位听电话？

宾客：张先生。

话务员：好的，请稍等。

话务员：对不起，张先生房间无人接听，请问您是否需要留言？

宾客：好的，请转告张先生，晚上9点给我来电话，他知道我的电话号码。

话务员：请问您贵姓？

宾客：我叫刘颖。

（输入留言，核实留言内容，确认服务员姓名。）

话务员：好的，刘女士。您要告诉张先生，晚上9点给您回电话，电话号码张先生知道，对吗？

宾客：是的。

话务员：刘女士，您的留言我们将会按您的要求及时转达给2008房的张先生，请您放心！

宾客：好的，谢谢！

话务员：不用谢！希望有机会再次为您服务。

宾客：再见！

话务员：刘女士，再见！

（开启房间内的留言灯，提醒住客查询留言。）

话务员：您好！总机。

住店宾客：请问有我的留言吗？我是 2008 房的。

话务员：您是张先生，对吗？

住店宾客：是的。

话务员：张先生，这里有刘颖女士给您的留言，请您晚上 9 点给她回电话，她说电话号码您知道。

住店宾客：好的，知道了。谢谢！

话务员：没关系，很高兴为您服务。祝您入住愉快！

住店宾客：再见！

话务员：张先生，再见！

（取消留言灯。）

二、电话礼仪案例分析

萨瑞是一名总机话务员。一日值夜班，他接到一位外线电话，习惯性地用手撑着头，与客人对白如下：

A：晚上好，先生，有什么可以帮您？

B：你好，帮我接 325 房间陆先生！

A：好的，马上为您转接！

（转接中，约过了 30 秒……）

A：不好意思，先生，电话无人接听。

B：你说什么？

（萨瑞有点不耐烦，提高了音量喊。）

A：电话没人接！

B：好的吧，那就挂了吧。

A：感谢来电，再见！

萨瑞的电话礼仪有什么不妥之处，如何改正呢？

分析：主要从坐姿站姿、语音语调、标准话术三个方面来分析。

续表

_____

_____

_____

任务评价

评价项目	具体要求	评价			
		优	良	差	建议
酒店总机服务礼仪	1. 熟练掌握总机服务的语言服务礼仪				
	2. 掌握接听电话的服务礼仪				
	3. 掌握酒店总机服务礼仪的规范				
	4. 能够通过声音为宾客提供及时、准确的信息和服务				
学生自我评价	1. 准时并有所准备地参加团队工作				
	2. 乐于助人并主动帮助其他成员				
	3. 遵守团队的纪律				
	4. 全力以赴参与工作并发挥了积极作用				
小组活动评价	1. 团队合作良好，都能礼貌待人				
	2. 工作中彼此信任，互相帮助				
	3. 对团队工作都有所贡献				
	4. 对团队的工作成果满意				
总计		个	个	个	总评
在酒店前台接待服务礼仪的学习中，我的收获：					

客房服务礼仪

客房是酒店的主体，是酒店的一个重要部门，是酒店存在的基础，在酒店中占有重要地位。客房是带动酒店一切经济活动的枢纽，是客人在饭店中逗留时间最长的地方，因此，客房是否清洁，服务人员的服务态度是否热情、周到，服务项目是否周全、丰富，直接影响到客人对酒店的评价。

客房服务员在为宾客提供标准化、规范化服务的同时，还应讲究客房服务礼仪。客房服务礼仪是指在客房服务工作中形成的，需要客房服务人员普遍遵守的行为规范和准则，它是宾客体验、关注酒店客房服务的礼仪规范，是构建酒店品牌的重要因素。

学习目标

1. 塑造专业化形象，提高服务意识。
2. 提高职业素养，培养爱岗敬业、团结协作的精神。
3. 了解沟通礼仪知识。
4. 能将满足旅客需求的服务礼仪用于工作中。
5. 可以完成管家一站式服务礼仪。
6. 掌握坐姿的基本方法。
7. 掌握地面压腿、踢腿的正确方法。

任务一　掌握客房服务中心服务礼仪

　　酒店客房服务中心是酒店客房部对客服务的统一协调中心，通常实行 24 小时值班制，由值班人员接听宾客提出的服务要求，通过酒店的内部呼叫系统通知楼层服务员上门服务，满足宾客的需要。客房服务中心是酒店客房部的"心脏"，其重要程度不可忽视。

工作情境

　　客房服务中心内，值班员李娅正在接听住店宾客打来的电话，她面带微笑、亲切地问候宾客，认真聆听并记录，并迅速把宾客需要的服务信息传达至楼层服务员。

具体工作任务

　　1. 了解沟通礼仪知识；

　　2. 掌握满足宾客需求的服务礼仪。

活动　满足宾客需求服务礼仪

　　入住酒店的宾客在需要酒店为其提供某些服务时，通常会给客房服务中心致电，提出自己的要求。作为客房服务中心的值班人员，虽然不直接面对宾客，但要让宾客在通话过程中感受到耐心细致、热情友好的态度和服务，帮助宾客解决提出的问题。

★ 信息页

一、满足宾客需求服务礼仪

　　"宾客至上"，只要宾客提出的要求是合理的，我们都要积极、主动地帮助他们，使其感受到酒店客房服务的温馨和周到。

　　1. 微笑服务，真诚待客，按照接听电话礼仪接听电话，并表示愿意为宾客服务："您好，客房服务中心。请问您需要什么帮助？"（见图 3-1）

　　2. 认真倾听，准确记录，解答宾客的问题时应当简洁明了。

　　3. 明确宾客需求，立即行动，提供满意服务。当宾客提出的要求本部门就能够满足时，应当立即答应下来，并告诉宾客服务完成所需时间。当宾客提出的要求需要其他部门（如工程维修部门）协助的，应当立即帮助宾客联系解决，切忌让宾客自己联系。无法满足宾客要求时，应当说明原因。拒绝的方式和用语要委婉，留有余地，对宾客表示理解，并

扫二维码

客房日常服务礼仪

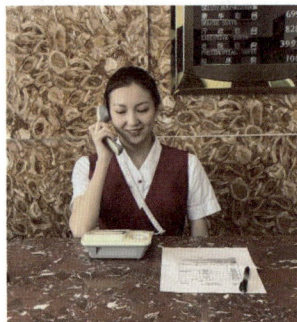

图 3-1

积极提出建议，使宾客在精神上得到满足，直接拒绝宾客是极不礼貌的。

4.跟踪结果，及时反馈，直到宾客满意为止。

⭐ 形体训练：地面压腿

一、训练准备

1.配有镜子、专业地板的标准训练房。

2.软底鞋、体操服。

3.相应的音乐和播放设备。

二、训练内容

（一）压前腿

（1）直角坐，保持后背直立、膝盖直、脚背绷的状态；双臂两侧打开，指尖点地（见图3-2）。

（2）向下压腿时，双手带动上身向下压，用胸去贴腿，双手尽量碰脚尖（见图3-3）。

（3）向上抬时，头和脊椎保持一条线，向上向远延伸（见图3-4）。

图3-2　　　　　　　　图3-3　　　　　　　　图3-4

（二）压旁腿

（1）分腿坐，保持膝盖伸直、脚背绷直的状态（见图片3-5）。

（2）身体水平侧压，用肩膀去贴腿，头向上看，手抱脚尖（图3-6）。

（3）直立时，头和脊椎保持一条直线，向上向远延伸。

图3-5　　　　　　　　　　　图3-6

（三）正踢腿

（1）身体侧对把杆，芭蕾一位脚准备；靠近把杆的手臂单手扶把，另一只手为芭蕾七位手；双腿伸直夹紧，立腰。

（2）踢腿时，外侧腿向上用力踢起，膝盖和踝关节绷直。后背直立（见图3-7）。

（3）踢起的腿需要控制下落，轻点地后收回原位。

（四）旁踢腿

（1）面对把杆；双手扶把；外侧腿向把杆方向后点地。

（2）踢腿时，外侧腿经旁边擦地直腿向旁用力踢起，脚面向上（见图3-8）。

（3）踢起的腿需要控制下落，轻点地后收回原位。

图3-7　　　　　　　　图3-8

任务单

一、请你来处理

宾客来电反映客房内空调不好用，你知道该怎样处理吗？要注意细节。

_____

二、介绍景点

宾客来电咨询酒店周边有哪些不错的旅游景点，请你推荐一下。

_____

三、模拟演练

你是一名客房服务中心的值班员，接到宾客请求帮助的电话时应如何应答？请分组设计情境，模拟演练，重点练习电话礼仪。

分组讨论：值班员接宾客电话的情境设计与安排。

模拟演练：关注礼仪服务细节，讨论并完成评价。

续表

四、评价

评价项目	场景设计 （4分）	语言沟通 （2分）	细节服务 （2分）	表情和态度 （2分）	总分（10分）	
					自评	互评
评价标准	设计合理，有完整的情境对话	沟通良好，合理使用礼貌用语	体谅宾客，注意细节，服务到位	态度热情，微笑，接听电话		
第　组						
第　组						
第　组						
第　组						
点评小组活动记录	优点： 问题：					

任务评价

评价项目	具体要求	评价			
		优	良	差	建议
客房服务中心服务礼仪	1. 掌握满足宾客需求的服务礼仪				
	2. 了解沟通礼仪知识				
	3. 能够完成客房服务中心服务礼仪				
学生自我评价	1. 准时并有所准备地参加团队工作				
	2. 乐于助人并主动帮助其他成员				
	3. 遵守团队的纪律				
	4. 全力以赴参与工作并发挥了积极作用				
小组活动评价	1. 团队合作良好，都能礼貌待人				
	2. 工作中彼此信任，互相帮助				
	3. 对团队工作都有所贡献				
	4. 对团队的工作成果满意				
总计		个	个	个	总评

在酒店前台接待服务礼仪的学习中，我的收获：

任务二　掌握管家服务礼仪

星级越高的酒店越重视经常性高规格的 VIP 散客和商务团队宾客的入住，这需要酒店给宾客提供品质更高的接待、商务等服务，为此推出了管家服务。

工作情况

王宏被酒店指定提供管家服务，这天他接到任务：明天晚上 8：00，将有一位集团董事下榻本店。王宏马上查询客史档案，掌握该贵宾的个人习惯及爱好，结合酒店的服务标准提前做好了服务设计和准备。

具体工作任务

1. 掌握客房管家服务礼仪中的客房准备礼仪、迎领接待礼仪、跟进式服务礼仪和离店服务礼仪。

2. 了解免费冷热饮服务礼仪的要求；

3. 能够熟练运用管家服务礼仪，提升酒店礼仪服务品质。

活动一　管家服务礼仪

管家服务采用一站式服务模式，为宾客提供全过程跟进式服务，针对不同宾客的需求，集酒店前厅、客房、餐饮、会议等部门的服务于一体，具有高度的个性化和人性化的特点。

★ 信息页

一、管家一站式服务礼仪

管家一站式服务礼仪要让宾客感受到超出预期的尊贵、贴心、舒适和便利，以提升酒店的品质和服务规格，要处处体现"深知您意、尽得您心"的服务理念。

1. 客房准备礼仪。

（1）服务准备礼仪。前台预订要提前检查客户记录，确定 VIP 宾客的喜好，有针对性地订好房间。

（2）客房检查礼仪。VIP 宾客抵店前两个小时，服务员要进行客房、设施、用品及安全性检查。房间布置要符合宾客的喜好和生活习惯，确保对宾客个性的尊重；如果宾客是夜间到达，要提前为宾客拉好窗帘，打开房灯，准备好宾客喜欢的饮品、水果、食品等。

2. 迎领接待礼仪。

（1）着装规范，微笑等候。服务员提前 10 分钟到大厅迎接宾客，叉手站姿站立。

（2）礼貌迎客，自我介绍。

（3）规范引领。确认宾客姓名及房间号，遵循引领礼仪，迅速引领宾客去房间。礼让入房，按进出客房礼仪轻轻将房门打开，请宾客进入客房，征得宾客同意后配合行李员摆放行李。

（4）介绍酒店设施及房间情况，服务灵活。管家需要主动了解 VIP 宾客对客房服务设备的需求，并随时记录，体现对宾客交办事宜的重视；在介绍设施及客房时，要根据接待宾客对酒店的熟悉程度和不同情况进行，随时关注宾客的反应，避免引起宾客反感。把握好宾客急于入住、安顿下来的心理，宾客接待入房后，要征询宾客的日程安排及服务跟进，待宾客没有疑问后，用道别礼仪离房，并轻轻带上房门。

3. 跟进服务礼仪。

（1）尊贵、贴心的一站式服务。满足 VIP 宾客对整理房间、点餐、房内用餐、夜床、叫醒、洗衣、用车、商务秘书等方面的要求，24 小时为其提供细致、周到、便利的服务。

（2）观察、收集 VIP 的喜好和个性要求，妥善处理 VIP 的意见和建议，做好客史档案记录。

4. 离店服务礼仪。

提前掌握好 VIP 宾客的离店时间，为其安排用车、叫醒和行李服务，确保 VIP 宾客满意离店。

[拓展阅读]

沟通礼仪知识

人要想在社会上生活，除了必要的生存技能外，还应掌握人与人之间的沟通技巧。那么什么是沟通呢？我们在服务岗位应该如何完成对客沟通呢？

沟通是人与人之间、人与群体之间思想与感情的传递和反馈的过程，以求思想达成一致和感情的畅通。

三 A 原则

三 A 原则是商务礼仪的立足之本，是美国学者布吉尼教授提出来的。三 A 原则来源于三个以 A 开头的英文单词，其中文意思就是接受对方（accept）、重视对方（appreciate）、赞美对方（admire）。

1. 接受对方：首先要理解客户的情绪，经常换位思考，拥有宽容、豁达的胸怀及良好的态度，记住如果和客户发生争斗，你永远是输家。

2. 重视对方：被尊重是每个人最重要的需求之一，能使人情感上得到满足。我们可以通过客户的表情、肢体语言等来判断客户的心理需求，这样与客户沟通交流才具有针对性。

3. 赞美对方：得体的赞美会给对方带来好心情，但是空洞、乏味、言不由衷的赞美则会让被赞美者心生不满。

二、免费冷热饮服务礼仪

管家服务每天要为贵宾提供免费的冷热饮及敬茶服务，服务中要注意尊重贵宾的需求和喜好，服务及时、规范，动作优雅。

1. 真诚问候。

2. 服务及时。

3. 饮品温度适宜。

4. 尊重宾客。

★ 形体训练：柔韧训练

柔韧素质是指人体关节活动幅度的大小以及韧带、肌腱、肌肉、皮肤及其他组织的弹性和伸展能力，柔韧素质是人体的一种重要身体素质。柔韧训练可使全身舒展，但是需要持之以恒才能见到效果。

通过地面练习、扶把练习的训练，学生可以克服自然形态的习惯，训练出一个良好的体态。初步掌握肌肉的紧张和松弛，锻炼后背和腿的力量，解决腰腿的软度和控制能力。加强腰腿的柔韧和力量的训练；加强肌肉能力和动作的感觉；加强控制肢体和稳定重心的能力。

地面踝关节柔韧训练

（一）训练准备

1. 配有镜子、专业地板的标准训练房。

2. 软底鞋、体操服。

3. 相应的音乐和播放设备。

（二）训练内容

训练1　勾绷脚

1. 训练方法与要领。

（1）直角坐，保持后背直立、膝盖直；双臂身体两侧打开，双手指尖点地（见图3-9）。

（2）绷脚：脚背绷紧，脚尖用力下压，脚底形成弓型（见图3-10）。

图3-9　　　　　图3-10

（3）勾脚：脚背收紧，脚尖向上勾起，脚跟用力前伸（见图3-11）。

（4）半勾脚：在绷脚的基础上，脚尖勾起，脚背保持原样。

2. 组合动作。

准备姿势：后背直立，双手点地，绷脚。

（1）第1—2节

1—2拍勾双脚脚趾。

3—4拍勾双脚脚腕。

5—6拍勾双脚脚趾。

7—8拍绷脚。

重复一遍。

（2）第3—4节

1—2拍右脚勾脚，左倾头。

3—4拍左单勾脚，右倾头。

5—6拍右单勾脚，左倾头。

7—8拍收回绷脚，头回正。

（3）第5节

1—2拍双勾脚，抬头。

3—4拍双绷脚，头回正。

5—8拍重复1—4拍。

（4）第6节

1—2拍双勾脚。

3—4拍双勾脚打开。

5—6拍绷脚。

7—8拍双绷脚收回。

（5）第7节

1—2拍双绷脚打开。

3—4拍双勾脚。

5—6拍双勾脚并拢。

7—8拍绷脚。

（6）第 8 节

1-4 拍右脚勾脚，膝盖弯曲，脚跟停留在小腿中段。

5-8 拍膝盖伸直，绷脚。

（7）第 9 节

1-4 拍左脚勾脚，膝盖弯曲，脚停留在小腿中段。

5-6 拍膝盖伸直。

7-8 拍绷脚。

训练 2　压胯

1. 训练方法与要领

（1）用手压胯

第一，双脚脚心相对盘坐；双手手掌放在膝盖上（见图 3-11）。

图 3-11

第二，控制好上身，保持立腰直背的状态。

（2）俯身压胯

第一，双脚脚心相对盘坐；双手握住双脚，两膝尽量贴地，上身前俯（从胯根处折叠）往脚方向压到最大限度后停住（后背拉长呈下弧线，展肩），双眼平视前方，再直身还原（见图 3-12）。

图 3-12

第二，下压时注意脊椎拉长，胯打开。

任务单

一、训练项目：迎接贵宾服务礼仪

训练要求：将每 3 名学生分为一组，分别扮演楼层服务员和两位贵宾。

训练程序：

1. 互换角色进行训练，灵活运用接待宾客的礼仪操作；

2. 针对宾客不同情况分别进行；

3. 互相点评，指出优点和不足，共同体会礼仪对提升服务的要求；

4. 评出表演优秀的小组；

续表

5. 学生总结，教师点评。

二、小组讨论

李东被酒店指定提供管家服务，这天接到任务：明天早上 10：00，将有一位老顾客下榻本店。李东马上查询客史档案，掌握该贵宾的个人习惯及爱好，结合酒店的服务标准提前做好了服务设计和准备。

分组讨论：

（1）上面的情境说明了什么问题？

（2）如果你是李东，该怎样为宾客提供个性化的礼仪服务？

三、评价

关注礼仪服务细节，讨论并完成评价。

小组评价	讨论是否认真、热烈（2分）	要点是否齐全（5分）	注意到细节（3分）
第　组			
第　组			
第　组			
第　组			
总　分			

任务评价

管家服务礼仪					
评价项目	具体要求	评价			
		优	良	差	建议
管家服务礼仪	1. 掌握管家一站式服务礼仪要求				
	2. 了解客房管家免费冷热饮服务礼仪要求				
	3. 能够熟练运用管家服务礼仪进行管家服务，提升酒店礼仪服务品质				
学生自我评价	1. 准时并有所准备地参加团队工作				
	2. 乐于助人并主动帮助其他成员				
	3. 能够倾听他人意见并与之交流				

续表

管家服务礼仪					
评价项目	具体要求	评价			
		优	良	差	建议
	4. 全力以赴参与工作并发挥了积极作用				
小组活动评价	1. 团队合作良好，都能礼貌待人				
	2. 团队成员在工作中彼此信任，互相帮助				
	3. 所有成员对团队工作都有所贡献				
	4. 对团队的工作成果满意				
总计		个	个	个	总评
在管家服务礼仪的学习中，我的收获：					

餐饮服务礼仪

餐饮部门作为酒店的核心部门，对酒店形象的树立起着至关重要的作用。"宾客至上、服务至上"作为酒店的服务宗旨，充分反映了酒店对每位员工的期望。作为一名酒店从业人员，除了让宾客享受美食佳肴及舒适的用餐环境外，还应让宾客体验到亲切且高质量的服务。因此，餐饮服务员不仅要提升服务技能，还应该掌握餐饮服务知识，提升自我，形成良好的职业礼仪，为宾客提供优质的服务。总之，讲求礼仪是酒店对每位员工的基本要求，也是酒店服务宗旨的具体表现。

餐饮服务礼仪因餐饮部门不同，也表现为各种不同的礼仪规范。下面将结合餐饮服务对个性化礼仪的要求，从中餐服务礼仪、西餐服务礼仪两方面详细阐述各项礼仪规范，以便为宾客提供热情、周到、满意的服务。

学习目标

1. 了解中华优秀文化，懂得基本餐饮礼仪，努力提高个人文明修养，争做讲文明、懂礼仪的中职生。

2. 懂得就餐礼仪在生活中的重要意义，能在实际生活中文明就餐。

3. 懂得基本的餐饮礼仪，并能在实践中运用。

任务一　掌握中餐服务礼仪

餐饮是一种常见的社交活动，中国餐饮文化十分丰富，中国人热情好客，非常讲究餐饮礼仪。如今，现代社会餐饮服务业日益发展，人们与餐饮业的联系越来越紧密，对服务水平的要求也越来越高。餐饮业的服务礼仪是服务质量和服务态度的直接体现，其中餐厅服务水平更是餐饮业服务水平的缩影，因此讲究礼仪显得尤为重要。

工作情境

今天是春节，中餐厅内人声鼎沸，一波又一波的客人络绎不绝。在餐厅门口，迎宾员安妮正以她那温暖的微笑迎接每一位客人的到来，并亲切地向他们致以节日的问候。张先生一家人便是这众多就餐客人中的几员，他们受到了迎宾员安妮的热情接待。

在迎宾员引领张先生一家入座后，值台服务员迅速上前，礼貌地为他们拉椅让座，随后递上了精美的菜单。随着张先生一家翻阅菜单，服务员开始了他们细致入微的服务流程。

具体工作任务

1. 掌握迎宾和送客服务礼仪：迎宾员需以热情、专业的态度迎接和送别客人，确保每位客人都能感受到宾至如归。

扫二维码

中餐引领服务礼仪

2. 掌握安排就坐服务礼仪：根据餐厅的布局和客人的需求，合理安排座位，确保客人舒适、方便地就餐。

3. 掌握如何呈递菜单礼仪：在客人入座后，服务员应及时、礼貌地呈递菜单，并适时介绍菜品特色，帮助客人做出选择。

4. 掌握开餐服务礼仪：在客人点餐完毕后，服务员须迅速、准确地完成菜品上桌前的准备工作，确保菜品色香味俱佳，同时关注客人的用餐需求。

5. 掌握酒水服务礼仪：根据客人的喜好和需求，推荐并呈上合适的酒水，同时关注客人的饮酒量，确保服务周到且不失礼貌。

6. 掌握席间服务礼仪：在客人用餐过程中，服务员须时刻保持关注，及时为客人添加餐具、更换餐盘等，确保客人用餐愉快、舒适。

活动一　餐厅迎送服务礼仪

餐厅服务人员的仪表与举止不仅映射出一个餐厅的精神风貌，更彰显了餐厅员工的基本素质。迎宾员，作为餐厅的门面担当，在迎接与送别宾客的每一个瞬间，都通过身着得体的服装、绽放甜美的微笑以及践行规范的礼仪，向宾客传达着热情与友好，让宾客在到店时心生喜爱，在离开时满怀惜别。因此，对餐厅服务人员的仪表与举止进行严格的训练与要求尤为重要。

在餐厅的迎送服务礼仪活动中，服务人员需熟练掌握并运用站姿服务礼仪、迎送宾客礼仪、安排就座服务礼仪以及呈递菜单服务礼仪等多项技能。

★ 信息页

一、迎送服务礼仪

迎送服务礼仪包括迎宾和送客两个服务环节。迎宾员服务原则在于实现"四声"服务：客来时有迎接声、询问时有答复声、疑问时有解释声、客走时有道别声。

（一）微笑迎宾

秉承"和气生财"的理念，服务人员在迎接客人的时候应始终保持适度的微笑，表现出礼貌、亲切、含蓄且得体的态度。但是，微笑需适度，避免不合时宜的大笑，以免让客人感到困惑或产生反感。在开餐前 5 至 10 分钟，迎宾员应面带微笑地站在餐厅门口的迎宾台前或视野开阔、便于观察四周的位置，准备迎候宾客的到来。

（二）仪态得体

站姿要端正，双眼平视前方，环顾四周，面带微笑，时刻给宾客留下精神饱满、庄重自信的良好印象。

（三）主动问候

为了表达对顾客的尊敬，很多服务场所的服务人员都会向顾客行鞠躬礼。当客人离餐厅距离约 1.5 米时，迎宾员应主动上前，行 15° 鞠躬礼，并热情问候："女士（先生）您好，欢迎光临！""女士（先生），晚上好，请！"等。如果是多位宾客前来用餐，应先向主宾致意，再依次问候其他宾客。

（四）核对预订

根据情况询问宾客是否有预订，并核对人数。

（五）规范引位

领位员应走在宾客的左前方约 1 米处进行引领，手势标准，同时用言语或目光关照宾客，确保引领到位。

（六）拉椅让座

宾客入座时，由领位员（或值台服务员）按照规范为客人拉椅让座。拉椅时，领位员（或值台服务员）双手扶住椅背上部，平稳地将椅子拉出，并微笑、伸手示意客人入座。当有客人抱有小孩时，要给孩子准备儿童椅。

二、安排就座服务礼仪

领位员（或值台服务员）应根据具体情况和具体对象，因人而异地安排就餐座位，并按照先后次序将客人引领到适当的位置入座或进入包厢。领位员（或值台服务员）应该掌握以下安排座位的技巧。

扫二维码

中餐座次服务礼仪

1. 重要宾客光临时，应引领至餐厅内最佳的靠墙且靠里的位置或雅座，以示尊重。

2. 情侣或夫妇光临时，应引领至餐厅内安静且幽雅的地方就座，这些地方比较有情调、气氛好，或者安排只有两个席位的餐桌。

3. 对于服饰华丽、打扮时髦的漂亮女士，应引领至众人都能看到的显眼位置，这既能满足宾客的心理需求，又能为餐厅增添一定的气氛。当有类似女性在场时，餐桌最好安排得稍远些，以避免她们产生攀比心理。

4. 全家或众多的亲朋好友来就餐时，应引领至餐厅靠里的一侧，便于他们安心用餐，同时喧闹声、孩子的打闹声也不会影响其他客人用餐。对于带着小孩子的客人，最好把他们安排在孩子的声音不会影响到其他客人的餐桌。

5. 对老弱或行动不便的客人，要主动搀扶，并在路线短、出入方便的地方安排他们入座，以示体贴。

6. 当客人较多且需与已有客人拼桌时，要征求已就餐客人的意见。

7. 如果客人要求到指定位置就座，要尽量满足其要求。如该位置已被其他宾客占用，应礼貌地向客人说明情况。

8. 靠近厨房出入口的位置是最不受客人欢迎的位置。在客人较多时，应向被安排在此用餐的客人致歉，以示关心。

9. 几位男士一起进餐（如叙旧聊天、商谈生意等）时，应引领至最近的边角位置，以方便他们交谈。对于单独来用餐的客人，可引领至靠窗的位置。

10. 如遇餐厅高峰期，所有餐桌均坐满时，应耐心地向客人解释，并为他们提供等候的地方。也可以建议客人在酒吧中等待一会儿，这样既可以转移一下客人的注意力，又可以增加酒吧的销售量。

三、呈递菜单服务礼仪

服务员在开餐前需检查菜单，保证菜单干净、整洁、无破损，并且数量充足。当领位员将宾客引领到位后，应按照递物礼仪呈递菜单，请宾客点餐，然后将菜单交给值台服务员以进行后续服务。

（一）规范

1. 领位员应选择合理的站位，目视客人，用双手呈递菜单。

2. 呈递菜单时，应将菜单的正面朝上，从客人的右手侧轻轻翻开菜单的第一页。双手握拿菜单，右手持菜单的右上角，左手持菜单的左下角，两臂适当内合，面带微笑，目视客人递出。

第三，如果客人较多，领位员应当准备相应数量的菜单，双手，并遵循"先宾后主、女士优先"的原则，依次将菜单送到每位客人手中。

（二）禁忌

1. 酒单、菜单数量不足，或存在破损、有污渍等情况。

2. 用一只手随意地拿菜单，并直接将菜单放在桌上或客人的手里。

四、送客服务礼仪

亲切的服务态度及诚挚的欢迎是宾客接触餐厅时所获得的第一印象，这是优质服务及愉快用餐体验的开始；而礼貌的送别，则是巩固这一良好第一印象的关键。热情送客不仅体现了礼节礼貌，还表达了对宾客的尊重、诚挚的欢迎以及深深的谢意。在送客时，一般先由值台服务员进行送别，或陪同宾客至餐厅门口后，再由迎宾员欢送，并表达希望宾客下次光临的意愿，让宾客感受到服务的真诚与温暖。

1. 协助宾客离座并道别。当宾客起身离座时，值台服务员应主动上前协助拉椅，并提醒宾客带好随身物品，礼貌地道别，必要时应礼貌地送宾客至餐厅门口。

2. 礼送宾客。在餐厅门口，迎宾员施30°鞠躬礼，以敬语致谢并告别："谢谢您的光临，请慢走！"

3. 服务要有针对性。如有必要，领位员可以主动将宾客引领出餐厅，并为宾客按电梯，同时以微笑目送宾客离开。

★ 形体训练：芭蕾把杆训练

通过芭蕾把杆上的练习，学会掌握身体平衡，体会正确的肌肉感觉和控制力，并有效提升身体的柔韧性。同时，把杆训练还能增强肌肉的控制能力。

扶把练习的训练旨在帮助学生克服自然形态的习惯，从而塑造出一个良好的体态。

把杆站姿训练

（一）训练准备

1. 配有镜子、把杆、专业地板的标准训练房。

2. 软底鞋、体操服。

3. 相应的音乐和播放设备。

（二）训练方法与要求

1. 在把杆上的动作站位可视学生的自身状况，尽量外开做到芭蕾一位脚。

2. 归纳为："收、正、沉"三个字。

收——收腰、收臀和收紧下肌肉并提气。

正——身体正、两眼平视，挺胸、抬头。

沉——双肩下沉。

（三）训练内容

训练 1　双手扶把

（1）身体面向把杆，芭蕾一位脚站立（或小八字脚位）；双手手腕放松轻放在把杆上；双臂下沉置于身前，肘部轻轻弯曲，双手手臂内侧相对（见图 4-1）。

（2）膝盖绷直，腿部内侧肌肉收紧。

（3）抬头挺胸、立腰收臀；正视前方，拉长颈部线条，保持呼吸平缓。

训练 2　单手扶把

（1）身体侧对把杆；内侧手腕轻放在把杆上，扶把手臂下沉置于身前，肘部轻轻弯曲；外侧手为芭蕾一位手（见图 4-2）。

（2）膝盖绷直，腿部内侧肌肉收紧。

（3）抬头挺胸、立腰收臀；正视前方，拉长颈部线条，保持呼吸平缓。

图 4-1　　　　　　　图 4-2

把杆肩膀柔韧训练

（一）训练准备

1. 配有镜子、把杆、专业地板的标准训练房。

2. 软底鞋、体操服。

3. 相应的音乐和播放设备。

（二）训练方法与要求

1. 压肩时手臂和腿不能弯曲，头、颈与地面应保持平行，大腰放松、胸腰尽力下压，要忍住肩部关节的疼痛。

2. 可以有节奏地做，也可以保持不动。

（三）训练内容

训练　压肩

（1）面向把杆站立，双脚打开与肩同宽，双臂伸直，与肩同宽，手腕搭在把杆上。重心丁两腿间，身体前倾90°角（见图8-3）。

（2）上身向下振动，胸脯尽力向地面，利用自身的身体重量进行拉肩。

（3）也可两人一组，相互配合；协助者双手交叉适当的力度下压练习者的肩背部，拉开肩关节的韧带。

图 8-3

（四）分组训练

根据班级实际情况，进行分组训练，由小组长负责。

（五）评价

训练结束后完成下面的评价表。

评价项目	准备动作（2分）	站姿（3分）	压肩（3分）	配合程度（2分）	总分（10分）	
评价标准	在动作准备时保持后背直立；动作中后背保持平行	整个躯干向上提，拉长颈部，平稳呼吸	肩部韧带尽量拉长	积极参与训练；与同学配合融洽	自评	互评
第　组						
第　组						
第　组						
第　组						
点评小组记录	优点： 问题：					

任务单

一、引领宾客礼仪训练

（一）训练目的

将学生进行分组，分别扮演用餐宾客及领位员，通过模拟练习掌握迎宾礼仪。

（二）训练程序及礼仪要求

1. 走在宾客左前方，身体侧向宾客，距离1～1.5米。

2. 左手轻握拳在胸前画圈打开，五指伸直并拢，掌心斜向上方，朝向指示方向；伴以礼貌用语，"您请"或"您这边请"。

3. 在引领过程中，面带微笑，目光要兼顾宾客和所指方向。

4. 向宾客表示清楚后，适时放下手臂。

活动二　开餐与就餐服务礼仪

宾客入座后，值台服务员随即开始为宾客提供开餐及就餐服务。在此过程中，值台服务员须确保仪容仪表得体大方，服务操作规范到位，展现出主动热情、周到耐心的服务态度，让宾客能够欣赏到服务员优美的姿态、娴熟的技艺，以及无微不至的服务和关怀，并得到精神上的满足。

★ 信息页

一、开餐服务礼仪

值台服务员负责其值台区域的一切就餐服务工作。在开餐服务过程中，主要包括拉椅让座、斟茶倒水、提供小毛巾、铺口布以及点菜等服务项目。服务员的服务应主动、到位，应随时关注餐厅的每一位宾客，使其在情感上获得愉悦。

扫二维码

餐间服务礼仪

（一）斟茶服务礼仪

1. 值台服务员到餐桌前时，应礼貌地问候客人。随后，在宾客的右侧按先宾后主（或先长辈后小辈、先女士后男士）的顺序为宾客斟茶倒水。

2. 服务员应将茶水缓缓倒入杯中，斟至七八分满即可。

3. 茶水的温度应适宜，避免过热或过冷。

4. 首次斟茶完毕后，服务员应将续满水的茶壶放置在餐桌上，但壶嘴不能对着宾客。在巡台过程中，服务员可为客人续斟茶水，当然也有客人选择自行斟茶。

（二）小毛巾服务礼仪

1. 洗净的小毛巾应放在干净的地方，并根据需要叠成不同的形状。

2. 将叠好的小毛巾放入毛巾箱中进行蒸煮消毒，之后使用夹子将其夹出。

3. 根据客人人数将小毛巾放入毛巾托内，并按照顺时针方向绕餐桌为宾客提供服务。根据餐具的摆放和各餐厅的规范，将小毛巾置于宾客的右侧或左侧，或将两位宾客的毛巾托并排摆放。

4. 服务员应及时撤下客人用过的冷毛巾。

（三）铺餐巾服务礼仪

1. 按先宾后主、女士优先的原则为宾客铺餐巾。

2. 在铺餐巾前，服务员应先用手势示意宾客，然后再为宾客提供服务；如果宾客表示愿意自行铺餐巾，服务员应微笑地表示感谢，并尊重宾客的选择不再坚持为其服务。

3. 右侧铺餐巾时，服务员应站在宾客的右侧，从水杯或餐盘中轻轻拿起餐巾，对角打开后，右手在前、左手在后，将餐巾轻轻压放在餐盘下，若左侧铺餐巾，则手法相反。在铺餐巾的过程中，服务员应避免将胳膊肘伸到客人的胸前。

（四）点菜服务礼仪

1. 宾客示意点菜后，服务员应立即上前，选择一个合适的站位，目视客人，面带微笑并礼貌地询问："先生 / 女士，现在可以点菜了吗？"在得到主人的确认后，站在宾客身后，为其点菜。

2. 服务员应善于观察，根据宾客的性别、年龄、口音、言谈举止等细节，判断宾客的饮食喜好，并有针对性地向宾客推荐菜肴。

3. 在为客人介绍菜品时，服务员应将掌心斜向下方，五指并拢，以清晰、专业的姿态进行介绍，并确保客人能将信息理解。

4. 在书写餐品订单时，服务员应将订单平整地放在左手掌心，保持站姿端正。对于客人的特殊要求，应记录在点菜单上，以避免出错。当然，现在很多餐厅、酒楼均使用平板电脑点菜，服务员在使用时应该注意输入的信息准确。

5. 复述菜单，尊重习惯。点菜完毕后，服务员应重复宾客所点菜品的名称，并询问宾客有无忌口及对烹饪的特殊需要，以确保服务的周到与细致。

二、酒水服务礼仪

宾客在点菜时如果点了酒水，需要另外开立酒水点菜单。餐厅服务员不仅要具备酒水的基本知识，还需熟练掌握斟酒技巧和服务流程，以规范、专业的态度为宾客提供优质的酒水礼仪服务。服务员应具有较强的服务技能，全面展示其礼仪修养，给宾客留下美好的印象，满足宾客被尊重的心理，具体礼仪要求如下。

1. 斟酒时应遵循先主宾后次宾、再主人的次序。斟酒时应当掌握好酒瓶的倾斜度并控制好倒酒的速度。

2. 若需要示酒，应按规范操作。即当着宾客的面打开酒瓶，征得宾客同意后，再按照礼仪次序依次斟酒。

3. 斟倒酒水时，应将各种饮料整齐地放置于托盘上，并根据宾客的意愿为其斟倒。

4. 服务员应随时观察宾客的酒水饮用情况。一般当宾客杯中酒水少于 1/3 时，就应当征询客人意见，及时续添酒水。

5. 如果餐厅酒水种类多，应先为宾客斟倒烈性酒，然后依次是果酒、啤酒和饮料。

6. 中餐白酒通常要斟满杯，红葡萄酒则斟倒半杯左右，黄酒、啤酒和饮料则应斟至八分满。

7. 在斟酒时瓶口不可碰到杯口，以保持酒水的纯净和杯子的整洁。

三、席间服务礼仪

在宾客就餐过程中，服务员可通过细心观察、仔细思考，准确判断宾客的真正需求，充分发挥自身的主观能动性，注意服务细节，积极且灵活地为宾客提供细致周到的席间服务，以提升整体的服务质量和服务水平。在席间服务要做到"一快"：服务快；"三轻"："说话轻""走路轻""操作轻";"四勤":勤问斟、勤换烟缸、勤换骨碟、勤巡视。其礼仪要求如下。

1.服务主动,保持餐桌卫生、整洁。不能打扰客人用餐,在换烟缸、倒茶水、更换骨碟等操作时,都需要礼貌地征得宾客同意,切勿在宾客未用完餐时擅自撤换骨碟。

2.把握添加饮料、酒、菜和饭的时机,避免出现宾客等候、不断添加或打断宾客正在进行的致辞等状况,以免引起宾客反感。

3.巡台时,服务员应在分管的台位间来回巡视,不能让客人因为服务不及时而喊"小姐、先生"之类的催促声,服务应做在客人需要之前,同时在巡台时遇到流动客人经过身边时,应主动问好或鞠躬,并面带微笑示意。

4.在整个服务过程中,服务员应始终保持微笑服务,态度主动灵活,并要能够随机应变,以满足宾客的各种需求。

[拓展阅读]

应答礼仪

请稍等!
好的,我马上过来!
您好!请问有什么可以帮助到您?
好的,没问题!
谢谢!
不客气!不用谢!
注意:应答礼仪也可以用肢体语言和仪态来表达(微笑并点头示意)。应答要及时!

形体训练:芭蕾把杆训练二

初步掌握肌肉的紧张和松弛,锻炼后背和腿的能力,解决腿的软度和控制能力。加强肌肉能力和动作的感觉;加强肢体的控制能力和稳定重心的能力。

把杆腿部柔韧训练

(一)训练准备

1.配有镜子、把杆、专业地板的标准训练房。

2.软底鞋、体操服。

3.相应的音乐和播放设备。

（二）训练方法与要求

1.掌握压腿的正确方法并准确做出。

2.动作连接流畅，训练腿的软度，胯的开度和收腹能力。

3.压腿时要用力，后背肌肉不要松。

4.压前腿时动力腿要收胯不要出胯，使两胯平行，上身挺直向前伸展，不能驼背。

5.压旁腿时要开胯，臀部不能后翘、不能扣胯，动力腿不能弯曲，下压一定要侧身，上身伸展，用耳朵贴腿。

（三）训练内容

训练1　压前腿

（1）主力腿伸直，把杆上的腿需绷脚背直膝盖（见图4-3）。

（2）向下压时，上身伸展，用胸去贴腿，控制好上身姿态（见图4-4）。

（3）向上抬起时，头和脊椎保持一条直线，向上、向远延伸。

图4-3　　　　　　　　图4-4

训练2　压旁腿

（1）主力腿伸直，一位脚打开，把杆上的腿需绷脚背，直膝盖；一只手扶把，另一只手三位手准备（见图4-5）。

（2）向旁压时，双肩水平侧倒向下压；用肩膀去贴腿；控制立腰伸展后背，头向前看（见图4-6）。

（3）向上起时，头和脊椎保持一条线，向上向远延伸。

图4-5　　　　　　　　图4-6

把杆控制力量训练

（一）训练准备

1.配有镜子、把杆、专业地板的标准训练房。

2.软底鞋、体操服。

3.相应的音乐和播放设备。

（二）训练方法与要求

1.掌握踢腿的正确方法并准确做出。

2.动作连接流畅，训练腿的软度，胯的开度和收腹能力。

3.培养学生动作的协调性和准确性。

（三）训练内容

训练1　正踢腿

（1）身体侧对把杆，芭蕾一位脚准备；靠近把杆的手臂单手扶把，另一只手为芭蕾七位手；双腿伸直夹紧，立腰。

（2）踢腿时，外侧腿向上用力踢起，膝盖和踝关节绷直。后背直立（见图4-7）。

（3）踢起的腿需要控制下落，轻点地后收回原位。

训练2　旁踢腿

（1）面对把杆；双手扶把；外侧腿向把杆方向后点地。

（2）踢腿时，外侧腿经旁边擦地直腿向旁用力踢起，脚面向上（见图4-8）。

（3）踢起的腿需要控制下落，轻点地后收回原位。

图4-7　　　　　　　　图4-8

（四）分组训练

根据班级实际情况，进行分组训练，由小组长负责。

（五）评价

训练结束后完成下面的评价表。

评价项目	准备动作（2分）	压腿（3分）	踢腿（3分）	配合程度（2分）	总分（10分）	
评价标准	在动作准备时保持后背直立；动作中后背保持平行	压腿时要注意腿部关节的直立，脚背向外打开绷直，并保持上半身的直立。在压腿的过程中不要苛求一定要压下去，保持正确的姿态	速度配合力量完成动作；过程中注意膝盖绷直；节奏准确	积极参与训练；与同学配合融洽	自评	互评
第　组						
第　组						
点评小组记录	优点： 问题：					

任务单

一、开餐与就餐服务礼仪训练

（一）训练项目一

开餐礼仪服务训练。

（二）训练项目二

斟酒礼仪服务训练。

（三）训练目的

掌握开餐与斟酒的服务礼仪。

（四）训练礼仪及程序要求

站位合理；服务适度；手法规范；操作卫生。

1. 分小组讨论，设计情境。

2. 写出模拟对话过程。

3. 小组互评，教师点评。

续表

评价项目	场景设置（2分）	服务顺序（3分）	细节服务（3分）	表情体态（2分）	总分（10分）	
评价标准	设计合情合理、搭配得当、语言规范	服务顺序合理，能根据客人要求进行服务	注意细节、服务规范，服务过程中没触碰到客人	微笑服务、态度殷勤，仪态大方、适度	自评	互评
第 组						
第 组						
第 组						
第 组						
点评小组记录	优点： 问题：					

任务评价

评价项目	具体要求	评价			
		优	良	差	建议
中餐服务礼仪	1. 做到微笑迎客，热情服务				
	2. 开餐时主动服务，随时观察				
	3. 熟练进行斟酒操作和服务				
	4. 掌握席间服务操作程序				
学生自我评价	1. 准时并有所准备地参加团队工作				
	2. 乐于助人并主动帮助其他成员				
	3. 遵守团队的纪律				
	4. 全力以赴参与工作并发挥了积极作用				
小组活动评价	1. 团队合作良好，都能礼貌待人				
	2. 工作中彼此信任，互相帮助				
	3. 对团队工作都有所贡献				
	4. 对团队的工作成果满意				
总计		个	个	个	总评

在中餐服务礼仪的学习中，我的收获：

任务二 掌握西餐服务礼仪

西餐讲究情调,强调精美的菜单设计、迷人的氛围营造、动听舒缓的音乐陪伴、优雅的进餐礼节,以及美味且外观精美的菜品制作。这些元素构成了吃西餐特有的意境,为宾客带来美的享受。

工作情境

橡树西餐厅最近宾客盈门,这得益于聘请了一位有名的西餐厨师。迎宾员安妮站在餐厅门口,礼貌而亲切地问候着前来用餐的客人,并将其引领到座位,值台服务员贝拉随即上前,拉椅让座,送上冰水和面包,开始了一系列周到的服务。

具体任务

1. 熟练掌握西餐点菜服务礼仪,为宾客提供准确无误的点菜服务;
2. 掌握西餐酒水服务礼仪,为宾客提供优质服务;
3. 掌握西餐就餐服务礼仪,为宾客提供规范、细致的就餐服务。

活动一 西餐点菜服务礼仪

西餐服务员负责值台区域内的一切就餐服务,在提供西餐服务时,不仅要严格按照国际上通用的西餐服务礼仪进行,而且还要考虑到宾客所在国家的礼仪和风俗习惯,避免触犯禁忌,以保证服务质量。西餐是欧美各国菜肴的总称。目前,西餐越来越广泛地进入我们的生活,许多人吃西餐是喜欢那种格调,还有一些是业务上的需要。由于西餐并不是我们传统的餐饮,所以很多人对于西餐的进餐礼仪并不是太清楚。西餐的进餐礼仪在不同的国家也不完全一样,例如美式吃法和英式吃法就有不少不同之处。

西餐服务礼仪在迎候宾客、打开餐巾、结账和送客等方面与中餐服务礼仪大同小异,基本原则是先主后宾,女士优先。

★ 信息页

一、呈递菜单和点菜服务礼仪

西餐点菜服务中,由于实行分餐制,每位宾客都有一份菜单,点的菜肴也大都不一样,这就需要服务员熟悉菜单,了解宾客需求,以主动热情、礼貌周到的接待服务来创造良好的声誉和经济效益,以下是呈递菜单和点菜服务的礼仪。

扫二维码

西餐点菜服务礼仪

（一）呈递菜单

1. 打开菜单，检查菜单上是否有污渍、破损等，如有，应及时更换。

2. 递送酒水单和菜单时需要打开递给宾客。按"先宾后主、女士优先"的原则，依次将菜单送至每位宾客手中，打开菜单的第一页，双手呈递给宾客；呈递菜单时应微笑地说："您好，这是菜单。"

3. 确保每位点菜的宾客都有一本菜单。每桌应有一本酒水单，方便更好地介绍酒水。

4. 给宾客足够的时间去了解菜单。

（二）说明点菜、接受点菜

1. 客人在选择菜肴时，呈递菜单的餐厅服务员就是客人最好的咨询对象，因此，一定要为客人当好参谋，尤其是初次来餐厅就餐的客人往往犹豫不决，这时，呈递菜单的服务员应主动说："我来介绍一下菜肴好吗？"然后，将菜肴内容包括烹饪方法、时间及调味汁等向客人认真介绍。推介菜品时，应当尊重宾客的饮食习惯。

2. 为宾客提供信息和建议，询问特殊要求，如对牛扒类菜品的生熟程度的要求；订沙拉时，应询问宾客沙拉需跟配的沙拉汁。

3. 如有特别菜肴推出时，服务员应积极推荐介绍。

4. 复述并确认宾客所点菜品和酒水的名称。

[拓展阅读]

只有掌握西餐厅对客服务流程及标准，才能高质量地服务宾客。西餐用餐服务流程如下：

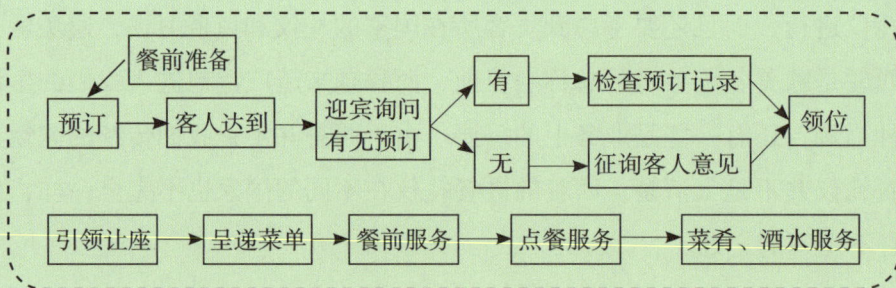

二、西餐酒水服务礼仪

西餐讲究的是一种雅致的氛围和情调。高雅的环境、精致的美食、缤纷的美酒都能彰显一个人的高尚品位。正式的西餐宴会上，酒水无疑是主角。酒水与菜品的搭配十分讲究。一般来讲，吃西餐时，不同的菜肴需要搭配不同的酒水。服务员在为宾客提供服务时，不仅要了解有关酒水的知识，还要熟练掌握斟酒的操作技能和酒水服务礼仪规范，处处体现"以客为尊"的原则，从而为宾客提供优质服务。西餐酒水服务和中餐酒水服务存在一定的区别。

扫二维码
西餐酒水服务礼仪

（一）白葡萄酒服务礼仪

1.白葡萄酒须放在装有冰的冰桶里冰镇。

2.示酒时，服务员应用餐巾垫着瓶身，左手托底，酒标朝上，请客人确认标签。

3.打开酒瓶后，斟酒时同样用折叠成条状的餐巾包裹瓶身（餐巾不能包裹着酒标），先向主人酒杯中倒入约 1/6 量的酒供其品尝认可。

4.随后，再按照先女宾、年长者、男宾、主人的顺序，依次向宾客的酒杯中倒入约 2/3 量的酒。

5.为防止酒水滴到酒杯外面，倒完酒后，最好将酒瓶扭转一下，并用餐巾擦拭瓶口，然后将酒瓶放回冰桶。

（二）红葡萄酒服务礼仪

1.服务员以左手扶住酒瓶底部，右手扶住酒瓶颈部，商标正对点酒的客人。待客人确认酒品无误后，服务员方可将酒瓶装入酒篮中，商标朝上。轻取轻放。

2.首先为客人斟倒约 30 毫升的酒供其品尝，待客人确认后，服务员按女士优先的原则，站在距离客人约 30 厘米处，按顺时针方向为宾客斟酒。红葡萄酒的标准斟倒量应该是酒杯容量的 1/2。

3.一般而言，红葡萄酒虽无须经过滗酒程序，但在整个侍酒过程中应该尽量减少酒液的晃动。

（三）香槟酒服务礼仪

1.先将香槟酒酒瓶放在冰桶内冷却半小时以上，冰镇香槟酒时间比白葡萄酒长，这是因为香槟酒瓶较厚。

2.开瓶时注意规范操作，确保瓶口不朝向宾客。

3.除去软木塞后，把瓶口擦一下，然后在主人的杯中倒入少量酒，以求认可。

4.斟倒酒时商标朝向客人，并根据情况决定是否使用餐巾裹住瓶口。先斟至杯中约 1/3 处，待泡沫消退后再斟至 2/3 处。

5.倒完酒后，把香槟酒酒瓶放回冰桶内，保持冷却。

（四）啤酒服务礼仪

1.要做好啤酒服务礼仪，服务员首先要学会辨别啤酒的优劣，为客人提供优质的啤酒。

2.应根据季节控制好啤酒的酒温，酒瓶应在客人面前开启，右手握住啤酒酒瓶的下半部，酒标向外以供客人辨认。

3.倒啤酒时，服务员应将啤酒瓶口对准杯子并紧贴着杯口的边缘，以防啤酒外溢。如果杯内泡沫太多，应稍等片刻，待泡沫消退后再将啤酒倒满。

（五）饮料服务礼仪

1.斟倒饮料时左手握好饮料瓶的下半部分，饮料的标签向外，方便客人识别。

2.斟倒含有气体的饮料时，应该控制斟倒的速度，让饮料沿杯子内壁缓缓流入，直至杯中达到八成满时停止。此时，杯中的气泡应该恰好到杯口部位，谨防饮料溢出。

★ 形体训练：民族民间舞蹈—蒙古族舞蹈（一）

蒙古族是能歌善舞的民族。蒙古族舞蹈最鲜明的特点就是节奏明快、热情奔放。蒙古族堪称"马背上的民族"，蒙古族人骑着马奔驰在辽阔的草原上，一挥手、一扬鞭之间，都洋溢着热情、豪迈和勇敢，从而形成了蒙古族人特有的草原文化风格。由于长期骑马的缘故，蒙古族的舞蹈动作多以肩部和臂部为主，如硬肩、软手、压腕、硬手等。这些不同的形体动作，构成了欢快优美、挺拔豪迈的舞姿风格。

一、基本体态训练

（一）训练准备

1.配有镜子、把杆、专业地板的标准训练房。

2.软底鞋、体操服。

3.相应的音乐和播放设备。

（二）训练方法与要求

1.掌握手形、手位和脚位的姿势位置。

2.动律为主线，从元素训练入手，把基础训练和风格气质训练有机结合，由简到繁、循序渐进。

（三）训练内容

训练：基本手位、脚位

练习　基本手位、基本脚位、基本姿态

1.手形。

（1）平掌：四指并拢，拇指自然伸直。

（2）空心拳：空心握拳（见图4-9）。

图4-9

2.手位。

（1）一位：双手于胯前按掌；指尖对指尖，手心向下（见图4-10）。

（2）二位：双臂体前斜下举，手心向下（见图4-11）。

（3）三位：双臂体前斜下举，手心向下（见图4-12）。

（4）四位：臂侧平举；指尖向上，手心朝外；两臂手掌向外延伸（见图4-13）。

（5）五位：双臂斜上举；指尖向上，掌心向外（见图4-14）。

（6）六位：双臂肩侧屈，手指触肩（见图4-15）。

（7）勒马手位：第一，勒马（拉缰绳）。里挽花后手于胸前压腕拉缰绳，同时屈肘，舞蹈中可单手拉缰绳（见图4-16），也可双手拉缰绳。第二，举鞭。右手持鞭，由下往前向头上举叫举鞭，也叫扬鞭（见图4-17）。第三，加鞭。右手持鞭（模仿动作）由上经前，向后甩鞭叫加鞭（见图4-18）。第四，挥鞭。右手持鞭，高举头上抖动叫挥鞭（见图4-19）。

图4-10　　　　　图4-11　　　　　图4-12　　　　　图4-13　　　　　图4-14

图4-15　　　　　图4-16　　　　　图4-17　　　　　图4-18　　　　　图4-19

3. 基本脚位。

（1）正步：脚自然并拢，脚尖向前。

（2）"八"字脚：脚后跟并拢，两脚尖向外两侧60°打开（见图4-20）。

（3）前虚丁步：第一，右屈膝，向前迈出一小步距离，左腿稍屈（见图4-21）。第二，右屈膝，向前迈出一步距离，左腿半蹲，重心在后。

（4）踏步位：第一，左屈膝脚掌点地于右脚跟外侧（见图4-22）。第二，左直腿向后迈出一大步，右腿半蹲，重心在前（见图4-23）。

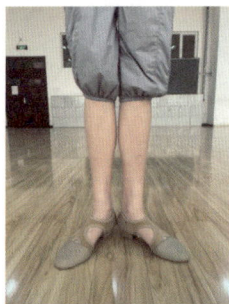 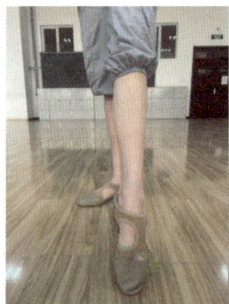 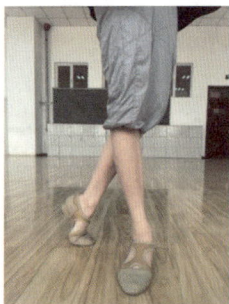 

图4-20　　　　　图4-21　　　　　图4-22　　　　　图4-23

4. 基本姿态。

头向八点方向，身体对二点；双手空心拳叉腰；提胯；立腰直背，右踏步。（左踏步同理）

（四）分组训练

根据班级实际情况，进行分组训练，由小组长负责。

（五）评价

训练结束后完成下面的评价表。

评价项目	表情、节奏（2分）	手位（3分）	脚位（3分）	态度（2分）	总分（10分）	
评价标准	表情自然、节奏准确	动作规范、标准	动作规范、标准	能吃苦、有毅力、认真	自评	互评
第　组						
第　组						
第　组						
第　组						
点评小组记录	优点： 问题：					

任务单

一、西餐点菜服务礼仪训练

（一）训练项目

情境：一对夫妻请他们的朋友到西餐厅用餐，你该如何给他们提供服务？

（二）训练目的

掌握西餐点菜礼仪服务细节。

（三）训练程序及礼仪要求

1. 能够体现西餐点菜服务的礼仪特点。

2. 小组进行模拟演练，关注礼仪服务细节。

（四）评价

训练结束后完成下面的评价表。

续表

评价项目	场景设置 （2分）	服务顺序 （3分）	细节服务 （3分）	表情和体态 （2分）	总分 （10分）	
评价标准	设计合情合理，搭配得当，语言规范	根据客人要求进行服务，服务顺序合理	注意细节，服务规范，服务过程中没触碰到客人	微笑服务，态度热情，仪态大方，适度	自评	互评
第 组						
第 组						
第 组						
第 组						
点评 小组 记录	优点： 问题：					

二、斟酒礼仪服务训练

（一）训练目的

掌握斟酒礼仪服务细节。

（二）训练程序及礼仪要求

1.斟酒礼仪服务场景设计。

2.关注礼仪服务细节，模拟演练。

（三）评价

训练结束后完成下面的评价表。

评价项目	场景设置 （2分）	服务顺序 （3分）	细节服务 （3分）	表情和体态 （2分）	总分 （10分）	
评价标准	设计合情合理，搭配得当，语言规范	根据客人要求进行服务，服务顺序合理	注意细节，服务规范，服务过程中不触碰到客人	微笑服务，态度热情，仪态大方，适度	自评	互评
第 组						
第 组						
第 组						
第 组						
点评 小组 记录	优点： 问题：					

活动二　西餐席间服务礼仪

就餐服务是点菜服务的延续，这个过程几乎贯穿西餐服务的整个流程。西餐服务员在进行礼仪服务时要特别注重细节，并与宾客保持良好的沟通，以提供文明礼貌且优质的服务。我们必须秉承"宾客至上，服务第一"的理念，讲究礼貌礼节，切实做到礼貌接待，文明服务，以创造最佳的服务效果。

扫二维码

西餐席间服务礼仪

★ 信息页

一、菜品服务礼仪

在提供餐前酒或餐前饮料后，西餐服务员应该按照西餐的上菜顺序进行上菜服务。服务员应对菜品的特点、菜肴的烹制方法和主要食材等有所了解，以备客人询问。上菜时，服务员应使用托盘。在菜品服务过程中，服务员要操作有序，及时为客人提供优质的服务。

1. 根据预订信息，摆放合适的餐具。

2. 根据餐桌和餐位的实际情况，确定合理的上菜位置。

3. 按照西餐的上菜顺序，为客人提供菜品。

4. 一般情况下，客人就餐时是撤一道菜上一道菜。服务员需观察客人的用餐情况，当菜品剩余约 1/3 时，准备上下一道菜。

5. 先斟酒后上菜。

6. 随时巡台，为客人提供必要的帮助。

[拓展阅读]

　　上菜顺序：头盘、汤、副菜、主菜、甜品、咖啡或奶茶

[拓展阅读]

西餐菜品与酒水的搭配

菜　肴	酒水
	餐前酒选用鸡尾酒、味美思酒、比特酒（Bitter）或雪利酒等
头盘（开胃菜）	选用低度、干型的白葡萄酒
汤类	一般不配酒水，但可配较深色的雪利酒或玛德拉酒等葡萄加强酒
色拉	选用干白葡萄酒，玫瑰露酒或低度干红葡萄酒
主菜	1. 海鲜类选用酒精度 12°～14° 的无甜味干白葡萄酒 2. 小牛肉、猪肉和鸡肉等白色肉类最好选用酒精度不太高的红葡萄酒 3. 牛肉、羊肉和火鸡等红色肉类最好选用酒精度较高（13°以上）的红葡萄酒

续表

菜　肴	酒水
奶酪类及甜食	1. 奶酪类：选用甜味葡萄酒，也可继续使用主菜的酒类 2. 甜食：选用甜葡萄酒或葡萄汽酒，如香槟酒、德国莱茵高葡萄酒、法国格拉夫斯葡萄酒等
	餐后酒：选用甜食酒、白兰地、利口酒或鸡尾酒等

二、撤盘服务礼仪

在宾客用餐过程中，每吃一道菜都需要换一副刀叉，这时就需要服务员随时注意并掌握好撤盘的时机。撤盘顺序要正确，同时，为了不影响宾客的就餐情绪，服务员的动作要干净利落，轻拿轻放。

1. 所有宾客用完同一道菜后，应一同撤下空盘。

2. 服务员应根据宾客盘中刀叉的摆放来进行撤盘服务。客人如果将刀叉呈"八"字形搭放在餐盘的两边，或者将刀叉平行搭放在餐盘两侧，则表示暂时不需要撤盘；而当宾客将刀叉合并平行放置在餐盘上，则通常表示不再食用，此时一般可以撤去餐盘，但要尊重宾客的意愿。

3. 在撤换小件物品（如面包盘、黄油碟、胡椒瓶）时，服务员应使用托盘服务。

4. 撤盘时，服务员应左手托盘，右手收盘。刀叉、盘子等物品在托盘中要规划摆放位置，重心偏里侧，以保持托盘平衡，同时体现出服务的美感。

★ 民族民间舞蹈——蒙古族舞蹈（二）

学生通过学习民间舞，可培养良好的审美意识，提高艺术修养和气质，并增进对少数民族文化的情感。

常用舞姿

（一）训练准备

1. 配有镜子、把杆、专业地板的标准训练房。

2. 软底鞋、体操服。

3. 相应的音乐和播放设备。

（二）训练方法与要求

1. 使紧张的肩部放松。

2. 使肩部动作自然、松弛、灵活。

3. 硬肩有力，要求有顿挫感。

4. 改善肩部体态。

5. 培养学生的协调性和韵律感。

（三）训练内容

训练 1 肩的动作

1. 硬肩（2 拍完成）。

（1）准备动作。

小八字步位，两手叉腰，立腰、挺胸、下巴稍抬，头视一点方向。

（2）动作做法。

1 拍：右肩收回，左肩推出；右肩推出，左肩收回。

2 拍：与 1 拍相反。这样轮番交替着连续运动。

2. 柔肩（4 拍完成）。

（1）准备动作

小八字步位，两手叉腰，立腰、挺胸、下巴稍抬，头视一点方向。

（2）动作做法。

同硬肩，过程稍慢。

第 1～2 拍：右肩经下弧线把肩推上去。

第 3～4 拍：把右肩压下来，依此交替。过程慢而柔韧，内在、含蓄、连贯。

3. 双绕肩（4 拍完成）。

（1）准备动作。

小八字步位，两手叉腰，立腰、挺胸、下巴稍抬，头视一点方向。

（2）动作做法。

第 1～4 拍：以自身为轴心，双肩从前上方顶起，向后绕，形成 360° 环动。肩的环动要柔和、连贯。

4. 耸肩（1 拍完成）。

（1）准备动作。

小八字步位，两手叉腰，立腰、挺胸、下巴稍抬，头视一点方向。

（2）动作做法。

1 拍：双肩向上耸，双肩下落。耸肩可单耸、双耸。

训练 2　肩部组合

准备：小八字脚位，双手叉腰。

前奏：一个 8 拍。

1×8 拍　1×4 拍右硬肩两次。

5×8 拍左硬肩两次。

2×8 拍　1×7 拍右、左硬肩交替七次。

第 8 拍左踏步。

3×8 拍　1×4 拍右、左硬肩四次，同时上身前倾。

5×8 拍左、右硬肩四次，同时回正。

4×8 拍　1×4 拍右、左硬肩四次，同时上身后倾成右虚丁位。

5×8 拍左、右硬肩四次，同时回正。

5×8 拍　1×8 左、右硬肩四次，同时左踏步四次，右脚右转，身体右转向三、五、七、一点方向。

第 8 拍左脚上二点呈大右踏步动作。

6×8 拍　1×8 拍右大踏步，右、左揉肩两次，同时身体前倾。

7×8 拍　1×8 拍右、左揉肩两次，同时身体回正位。

8×8 拍　1×8 拍右、左揉肩两次，同时身体后倾。重心移至右脚，左脚虚点地（见图 4-24）。

9×8 拍　1×8 拍左、右硬肩八次，同时右踏步四次，左脚左转，身体左转向七、五、三、一点方向。

第 8 拍右脚上八点呈大左踏步动作。

10×13 拍　重复 6×9 拍

14×8 拍　1×3 拍耸肩一次，同时大八字位，身体右前移。

第 4 拍身体回位，右踏步。

5×8 拍耸肩两次。

15×8 拍　1×3 拍拍耸肩一次，同时大八字位，身体左前移（见图 4-25）。

第 4 拍身体回位，左踏步。

5×8 拍耸肩两次。

16×8 拍　1×4 拍右、左绕单肩两次，正步屈膝八点方向。

5×8 拍右、左绕单肩两次，正步屈膝二点方向。

17×8 拍　1×8 拍绕双肩四次，第 1 拍时向右后转五点方向正步。

18×8 拍　1×8 拍绕双肩四次，第 1 拍时向右后转一点方向正步。

结束。

图 4-24　　　　　图 4-25

（四）分组训练

根据班级实际情况，进行分组训练，由小组长负责。

（五）评价

训练结束后完成下面的评价表。

评价项目	表情、节奏（2分）	组合（3分）	动作（3分）	态度（2分）	总分（10分）	
评价标准	表情自然、节奏准确	组合完整、流畅	动作熟练、规范准确	能吃苦、有毅力、认真	自评	互评
第　组						
第　组						
第　组						
第　组						
点评小组记录	优点： 问题：					

任务单

为宾客调整餐具礼仪训练

（一）训练目的

学生分组练习，扮演宾客和值台服务员，通过训练能够熟练地为宾客调整餐具。

续表

（二）训练程序及礼仪要求

（1）确定宾客菜单。

（2）调整餐具。

（3）补充餐具。

（4）操作时不能将身体贴在桌边或宾客身上。

（5）操作规范有序，不会手忙脚乱，轻拿轻放。

任务评价

评价项目	具体要求	评价			
		优	良	差	建议
西餐服务礼仪	1.为宾客提供正确的点菜服务				
	2.掌握酒水服务知识				
	3.掌握正确的上菜顺序				
	4.撤盘服务做到干净利落				
学生自我评价	1.准时并有所准备地参加团队工作				
	2.乐于助人并主动帮助其他成员				
	3.遵守团队的纪律				
	4.全力以赴参与工作并发挥了积极作用				
小组活动评价	1.团队合作良好，都能礼貌待人				
	2.工作中彼此信任，互相帮助				
	3.对团队工作都有所贡献				
	4.对团队的工作成果满意				
总计		个	个	个	总评

在西餐服务礼仪的学习中，我的收获：

会议服务礼仪

　　会议服务礼仪是因会议而产生的礼仪规范。会议，简而言之，就是人们相聚而议的活动。会议有狭义、广义之分。狭义的会议特指有组织、有计划、有领导的，旨在共同商讨、决定某种事项的一种集体活动方式；而广义的会议则泛指一切集会活动。本项目的会议主要是针对狭义的定义，也就是俗称的"办会"。办会是日常工作中必不可少的内容，同时又是非常重要的内容。办会是工作人员智慧与能力的集中展现，也是检验其礼仪修养和业务水平的舞台。

学习目标

　　1. 树立良好的服务意识。

　　2. 培养尊重他人、做事认真的良好品德。

　　3. 了解会前接待的程序，明确会前接待礼仪人员的岗位职责要求；掌握会前接待的准备工作，以及签约仪式的准备流程和程序。

　　4. 能够在会议服务中注重礼仪细节，使宾客感受到被重视，并使他们获得专业、得体且热情的服务体验。

　　5. 掌握正确的形体姿态训练方法。

任务一 掌握会前接待、签约仪式服务礼仪

中国古代有"五礼"之说，其中的宾礼就是指接待宾客之礼。接待工作是商务交往活动中一项经常性的工作，一定要耐心、细致。例如：1975年，美国第38任总统福特访华，中方接待人员事先得知他身材魁梧，身高超过两米，便特意请国宾馆为他定制了一张两米多长的既坚固又舒适的睡床。福特总统看到后很高兴，感谢中方细致周到的安排。他说他可以每晚睡好觉，以旺盛的精力参加活动了。

通过这个小故事，我们就可以发现，热情、周到、严谨、细致的接待工作，不仅能充分表达对对方的尊重，还能树立己方良好的形象，进而促进双方的交流与合作。

那么在接待工作中，我们应该注意些什么呢？

工作情景

各类大型会议往往会选择在五星级酒店举办，这就要求酒店的礼仪服务人员必须掌握会议的接待程序以及会中的服务流程。

具体工作任务

1. 掌握会前接待服务礼仪；
2. 掌握签约仪式服务礼仪。

活动一 会前接待服务礼仪

会议服务礼仪中重要的环节之一是会前接待的服务礼仪，参会嘉宾最先接触到的就是礼仪服务人员，因此，礼仪服务人员必须展现出良好的职业形象。

★ 信息页

一、会前接待服务礼仪

（一）接待前的准备

1. 了解来访者。要详细了解来访者来访的目的、时间，来访者的人数、性别、职务等信息，以及是否需要接送、用餐、住宿等具体要求，以便做出周全的安排。

2. 仪表服饰。接待人员的仪表应整洁、美观，女士可化淡妆，以示对客人的尊重。服饰要得体、大方，符合会议场合的要求，展现出良好的职业形象。

3. 场所准备。一般应根据来访人数选择大小适中的会客室，确保室内干净、整洁，安静、舒适，

扫二维码

会前准备服务礼仪

光线、温度适宜。可适当在会场内摆放盆景、盆花以增添生机。桌面上应摆放干净、美观、统一的茶杯。若会议需要，应提前张贴好标语或设置好电子标语。对于比较庄重的会议，还需要提前悬挂国旗、党旗或国徽、会徽等。

4. 接送安排。如果对方是带车来访的，应该提前预留车位。如果对方是乘飞机、火车、轮船等交通工具来访的，则应安排车辆接站。必要时可以做一块接站牌，以便客人辨认。会议结束后，还需安排车辆送客人前往机场、火车站、码头等地。

5. 食宿安排。事先征求客人意见，如果需要住宿，应安排好宾馆；如果需要用餐，应该提前了解客人的饮食禁忌。确保餐饮安排符合客人要求。同时，食宿安排要本着节约的原则，避免铺张浪费。

6. 资料准备。根据来访目的，应提前准备好相关的文件以及纸、笔等办公用品，确保会议顺利进行。

（二）迎客礼仪

1. 一定要提前 15 分钟赶到机场、车站或码头迎候客人，不能让客人等待。

2. 如果与客人素未谋面，一定要事先了解一下客人的外貌特征。

3. 接到客人后，应做自我介绍，并握手致意，热情问候，表示欢迎。

4. 问候完毕应随手接过行李，客人愿意自提的东西不必勉强。

5. 上车时应主动帮客人打开车门。下车时，接待人员应先下车，为客人打开车门，请客人下车。

6. 注意车内座次，如果有司机开车，应该把后排的位置让给尊者；如果是主人自己开车，则应把司机旁边的位置让给尊者。在途中应主动与客人交谈，为客人介绍本地的风土人情。

7. 如果客人直接前往宾馆，接待人员在为客人办理好相关入住手续后不宜久留，应让客人及时休息，消除疲劳，并告知客人活动的日程安排，交换双方的联系方式，约好下次见面的时间和地点。

8. 如果下车后直接进入会场，接待人员应提前通知会场工作人员，并亲自为客人引路，主动为客人开门，引导其入座。在必要时，可遵循介绍礼仪的基本规则，为宾主双方进行介绍。

二、目光礼仪

目光礼仪是指在人际交往中，通过眼睛的注视行为来传达尊重、关注和友好等情感的一种礼仪。恰当的目光接触能够增强沟通效果，建立信任，而不当的目光接触则可能引发误解或造成不愉快。

在工作场合服务于人时，服务人员应当给予对方适当的注视，以体现尊重和关注。仅在展示商品、介绍服务项目等特定情况下，注视的重点可能略有偏移。服务人员在训练眼神时，应重点关注注视的部位、角度以及在服务多人时的兼顾问题。

扫二维码

目光礼仪

1. 注视的部位

服务人员在注视服务对象时，注视的具体部位与双方的距离及工作性质有关。根据服务礼仪，服务人员可注视的常规部位包括如下几处。

- 双眼：注视双眼可表达全神贯注和认真倾听。在问候、倾听、征求意见、强调要点、表示诚意等场合，应注视对方的双眼。但注视时间不宜过长，以免双方感到不适。
- 面部：长时间交谈时，可以将对方的整个面部作为注视区域。注视面部时，应避免聚焦于一点，应采用散点柔视的方式。在工作场合接待服务对象时，注视面部是最常用的方式。
- 全身：当与服务对象相距较远时，服务人员可以将对方的全身作为注视点。站立服务时，这种方式尤为适用。
- 局部：在实际工作中，服务人员可能需要根据需要注视服务对象的某个部位，如递接物品时注视对方的手部，帮客户试穿鞋子时注视顾客的脚部。但无必要时，应避免注视对方的敏感部位，以免引起对方的不适或反感。

2. 注视的角度

服务人员在注视服务对象时，角度的选择同样重要。以下三种角度是恰当且得体的。

- 正视：即正面朝向对方，同时上身前部也朝向对方。即使服务对象位于身体一侧，也应转身正视对方。正视是基本的礼貌，表示对对方的重视。
- 平视：即身体与对方处于相似的高度进行注视。平视与正视通常并不矛盾，因为正视时往往也要求平视。平视服务对象可以体现双方的平等和服务人员的自信。
- 仰视：当服务人员所处的位置较低，需要抬头仰望对方时，称为仰视。仰视可以给予对方重视和信任的感觉。而俯视则可能带有自高自大或不屑一顾的意味，因此应避免。

3. 兼顾多方

在服务多人时，服务人员应巧妙地运用眼神，对每一位服务对象都给予适当的关注。具体做法是：给予每位服务对象适当的注视，避免让他们感到被忽视或冷落。同时，也要注意不要长时间凝视某一个人，以免引起对方的不适或误会。

当多名服务对象结伴而来时，服务人员应重点关注主要服务对象，但也不可完全忽视其他次要对象。当服务对象性别相同时，这一点尤为重要。

当多名服务对象互不相识时，服务人员应按照先来后到的顺序，对先到之人多加注视，并以略带歉意和安慰的眼神环视等候的其他人。这样做既体现了一视同仁，又能让对方感到宽慰和耐心。

★ 形体训练：健美操

健美操是在音乐的伴奏下，通过各种不同类型的操化动作，以有氧运动为基础，将体操、音乐、舞蹈、美学等元素融于一体的身体练习。它既是一种大众健身方式，同时也是一个竞技运动项目。通过健美训练，我们全身各个关节都可以得到充分的活动，从而使各部位肌肉均衡发展，从而塑造出良好的体态，此外，健美操对我们改善健康状况、塑造形体以及提升个人气质有着积极的作用。

健美操的基本手形训练

（一）训练准备

1. 配有镜子、把杆、专业地板的标准训练房。

2. 软底鞋、有弹性的衣服。

3. 节奏感强的音乐以及播放设备。

（二）训练内容

健美操的基本手形

1. 并掌：五指并拢伸直，指关节不能屈曲。

2. 开掌：五指用力分开伸直。

3. 花掌：分掌的基础上，从小指依次内旋，形成一个扇面。

4. 立掌：手掌用力上屈，五指关节自然弯曲。

5. 一指：拇指与中指、无名指、小指相叠，食指伸直。

6. 剑指：拇指与无名指、小指相叠，中指与食指并拢伸直。

7. 响指：无名指、小指屈，拇指与中指用力摩擦。

8. 拳：四长指握拳，拇指第一关节扣在食指与中指的第二关节处。

9. 舞蹈手形：引用拉丁舞、西班牙舞、芭蕾等手形。

任务单

一、会前接待服务礼仪训练

礼仪要求：将学生两人分为一组，分别扮演宾客和引领人员，进行练习。

训练程序：

（1）两名同学互换角色进行演练，要面带微笑、动作自然、用语恰当。

（2）设置不同场景练习。

（3）学生点评，教师指导。

续表

二、目光礼仪训练

展现形式：小组编排的目光礼仪情境展示。

目的：培养创编能力和敢于表现、善于表现的能力，树立与多人合作共同完成任务的协作意识，并将所学的知识、技能运用到实践中，达到真正学会和掌握目光礼仪的目的。

设计步骤：

1. 学习并掌握目光礼仪的各种姿态。

2. 制订编排设计要求。

（1）选择音乐。时长4分30秒左右为宜。

（2）编排内容。展现目光礼仪的各种姿态。

（3）设计场景和人物。

（4）分小组。多人共同参与创编目光礼仪情境展示，6～8人为宜（根据学生具体情况而定）。

3. 分组创编。

4. 合音乐练习。

5. 小组展示各自编排的目光礼仪情境，学生互评，教师点评。

活动二　签约仪式服务礼仪

在公务交往活动中，当双方经过洽谈、讨论，就某项重大问题、重要交易或合作项目达成一致意见时，就需要把谈判成果和共识，用准确、规范、符合法律要求的格式和文字记载下来，经双方签字盖章，形成具有法律约束力的文件。围绕这一过程，一般都要举行签约仪式。

★ 信息页

一、签约仪式的准备

签约仪式是由双方正式代表在有关协议或合同上签字并产生法律效力的庄重而隆重的仪式，这体现了双方的诚意和共祝合作成功的愿望。因此，主办方必须做好充分的准备工作。

（一）确定参加仪式的人员

根据签约文件的性质和内容，安排参加签约仪式的人员。考虑到参加签约仪式的人员可能涉及国家部委、地方政府，或对方国家等不同层面，需作相应的安排，原则上是遵循对等原则。人员数量上也应大体相当。一般来说，双方参加洽谈的人员均应在场。客方应提前与主办方协商自已出席签约仪式的人员名单，以便主办方作出相应的安排。具体签约人在地位和级别上应要求对等。

（二）做好协议文本的准备

签约文本事关重大，协议一旦签订即具有法律效力。所以，待签的文本应由双方与相关部门指定专人分工合作完成，包括定稿、翻译、校对、印刷、装订等工作。除了核对谈判内容与文本的一致性以外，还要核对各种批件、附件、证明等是否完整准确、真实有效以及译本副本是否与样本正本相符，如有争议，应在签约仪式前，通过再次谈判解决。作为主办方，应为文本的准备提供周到的服务和便利的条件。

（三）落实签约仪式的场所

落实举行签约仪式的场所，应视参加签约仪式人员的身份和级别、参加仪式人员的多少和所签文件的重要程度等诸多因素来确定。宾馆、饭店、政府会议室、会客厅都可以选择。既可以大张旗鼓地宣传，邀请媒体参加，也可以选择僻静场所进行。无论怎样选择，都应是双方协商的结果。任何一方自行决定后再通知另一方，均属失礼的行为。

（四）签约仪式现场的布置

签约仪式现场布置应遵循庄重、整洁、清静的原则。我国常见的布置为：在签约现场的厅（室）内，设一加长形条桌，覆盖深冷色台布（应考虑双方的颜色禁忌），桌后放两张椅子供双方签约人使用。礼仪规范为客方席位在右，主方席位在左。桌上放好双方待签的文本和签约用具。如果是涉外签约，还要在签约桌的中间摆一国旗架，分别挂上双方国旗，注意不要放错方向。如果是国内地区、单位之间的签约，也可在签约桌的两端摆上写有地区、单位名称的席位牌。签约桌后应有一定空间供参加仪式的双方人员站立，背墙上方可挂上"××（项目）签约仪式"字样的条幅。签约桌的前方应开阔、敞亮，如请媒体记者应留有空间，配好灯光。

（五）签约仪式座次图

1. 签约仪式正式开始。双方参加签约仪式的人员步入签约厅，签约人各自入座。双方的助签人员站立在各自签约人员的外侧，其他人则按照主方、客方的身份顺序站立在后排。

2. 签约人正式开始签署合同文本。签约人应首先签署己方所保存的合同文本，然后再将文本交由他方签约人进行签约（由助签人负责交换文本）。

3. 签约人正式交换已经由合同各方签署完毕的合同文本。此时，各方签约人应热烈握手，互致祝贺，同时全场人员也应鼓掌，以示祝贺。

```
┌─────────────────────────────────────────┐
│                                           │
│   5 4 3 2 1            1 2 3 4 5           │
│  ┌──────────┐        ┌──────────┐         │
│  │ 客方签约人 │        │ 主方签约人 │         │
│  └──────────┘        └──────────┘         │
│                                           │
│  ┌─────────────────────────────────────┐ │
│  │           签  约  桌                │ │
│  └─────────────────────────────────────┘ │
│                                           │
└─────────────────────────────────────────┘
                   入口
```

扫二维码

握手礼仪

二、握手礼仪

1. 握手的顺序。

握手讲究"尊者为先"的顺序，即应由主人、女士、长辈、身份或职位高者先伸手，客人、男士、晚辈、身份或者职位低者方可与之相握。

2. 握手的种类。

（1）单握式。

单握式握手，即平等式握手，这是最普通的握手方式。行握手礼时，距受礼者约一步，左臂自然下垂，右臂自然向前伸出手，以指稍用力握对方的手掌、上下摇动两三下，注视对方，并配以微笑和问候语。

（2）双握式。

双握式握手，通常传达的是一种热情真挚、尊敬感激之情，例如，在见到受人尊敬的教师时，或在向他人表示深深的谢意和慰问时可使用双握式握手方式。行礼时，主动握手者用右手握住对方的右手，左手握住对方右手的手背。

3. 握手的原则。

（1）握手一定要用右手，在阿拉伯国家及少数西方国家，认为左手是"不洁之手"，用左手握手是对对方的一种侮辱。

（2）握手前应摘掉手套，双目安然注视对方，并示以微笑。切忌握手时用另一手拍打对方身体其他部位，也不要一边与对方握手，一边心神不安，目光游移不定。

（3）与人握手时应采取站立姿势（年老体弱或者残疾人除外）。

（4）不宜交叉握手。遇到两位以上交往对象，行握手礼时应一一相握。有的国家视交叉握手为凶兆的象征，交叉成"十"字，意为十字架，被认为必定会招来不幸。

（5）男士与女士握手，时间不宜过长，握力要轻一些，一般应握女士的手指。

（6）为了表示尊敬，握手时上身略微前倾，注视对方眼睛，边握手边开口致意，如说："您好""见到您很高兴""欢迎您""辛苦了"等。

[拓展阅读]

一忌不讲先后顺序，抢先出手；

二忌目光游移，漫不经心；

三忌不脱手套，自视高傲；

四忌掌心向下，目中无人；

五忌用力不当，敷衍鲁莽；

六忌左手相握，有悖习俗；

七忌"乞讨式"握手，过于谦恭；

八忌握手时间太长，让人无所适从；

九忌滥用"双握式"，令人尴尬；

十忌"死鱼"式握手，轻慢冷漠。

★ 形体训练：健美操基本动作

了解并掌握健美操的基本动作和健美操的基本概念，掌握健美操的基本步伐，训练动作的协调性，塑造健美体态。

健美操基本步法

（一）训练准备

1.配有镜子、把杆、专业地板的标准训练房。

2.软底鞋、有弹性的衣服。

3.节奏感强的音乐以及播放设备。

（二）训练内容

健美操的基本步法

1.交替类。

（1）踏步。

两腿原地依次抬起，依次落地。抬头挺胸、收腹。下落时，踝、膝、髋关节依次有弹性地缓冲。

（2）走步。

迈步向前走或向后退，然后反之。向前走时，脚跟先落地，过渡到全脚掌。向后走时则相反。

（3）一字步。

一脚向前一步，另一脚并于前脚，然后再依次还原。向前迈步时，先脚跟着地，过渡到全脚掌。向后并腿时，膝关节始终保持有弹性的缓冲。

（4）V字步。

一脚向前侧方迈一步，另一脚随之向另一方迈一步，呈两脚开立、屈膝状，然后再依次退回原位。两腿膝、踝关节始终保持弹动状态，分开后成分腿半蹲，重心在两脚之间。

（5）漫步。

一脚向前迈出，屈膝，重心随之前移，另一脚稍抬起，然后原地落下；或者向后撤一步，重心后移，另一脚稍抬起，然后原地落下。两脚始终保持交替落地，身体重心随动作前后移动，但始终在两脚之间。

2.迈步类。

（1）并步。

一脚迈出，另一脚随之并拢屈膝点地，再向反方向迈步。

（2）迈步点地。

一脚向一侧迈出一步，两腿经屈膝移重心，另一腿在前、侧或后用脚尖或脚跟点地。两膝始终保持弹动地屈伸，重心移动轨迹呈弧形。上体不要扭动。

（3）迈步吸腿。

一脚迈出一步，另一腿屈膝抬起，然后向反方向迈步。经过屈膝半蹲，抬膝时支撑腿稍屈膝。

（4）迈步后屈腿。

一脚迈出一步，另一腿后屈，然后向反方向迈步。经过屈膝半蹲，支撑腿稍屈膝，后屈腿的脚跟靠近臀部。

（5）侧交叉步。

一脚迈出一步，另一腿在其后交叉，随之再向侧迈一步，另一脚并拢，屈膝点地。第一步脚跟先落地，身体重心快速随着脚步而移动，保持膝、踝关节的弹动。

3.点地类。

（1）脚尖点地。

一腿稍屈膝站立，另一腿伸出，脚尖点地，然后还原到并腿姿势。支撑腿始终保持屈膝站立，并且随动作有弹性地屈伸。

（2）脚跟点地。

一腿稍屈膝站立，另一腿伸出，脚跟点地，然后还原到并腿姿势。只可做向前和向侧的脚跟点地。支持腿始终保持屈膝站立，并且随动作有弹性地屈伸。

任务单

签约仪式服务礼仪训练

训练项目 助签员服务礼仪训练

训练目的：通过助签员服务礼仪训练，帮助学生掌握助签操作礼仪规范。

礼仪要求：将学生4人分为一组，分别扮演主、客方宾客和两名助签员，为宾客进行助签服务。

训练程序：

（1）站姿、站位、握手、微笑训练。助签员一般穿着喜庆服装，有较好的礼仪形象。

（2）手势、交换文本训练。动作到位，举止规范优雅。

（3）学生点评，教师指导。

任务评价

评价项目	具体要求	评价			
		优	良	差	建议
会前接待、签约仪式服务礼仪	1.了解会前接待、签约仪式服务礼仪				
	2.掌握礼仪人员迎送服务礼仪				
	3.能够独立完成会前接待、签约服务工作				
学生自我评价	1.准时并有所准备地参加团队工作				
	2.乐于助人并主动帮助其他成员				
	3.遵守团队的纪律				
总计		个	个	个	总评
在会前接待、签约仪式服务礼仪的学习中，我的收获是：					

任务二　掌握迎接贵宾、大型会议服务礼仪

大型会议的召开，往往会伴随着重要贵宾的到来。贵宾首先接触到的引领礼仪人员会给其留下深刻的印象。因此，在服务的过程中，礼仪人员应展现出主动、热情、彬彬有礼且考虑周到的服务态度。

工作情景

今天要召开一次重要的大型会议，作为一名礼仪接待人员，小陈早早地就等候在了会议接待室的门外，恭候贵宾的到来。

具体工作任务

1.做好迎接贵宾的会议服务礼仪：确保以专业、礼貌且热情的方式迎接每一位贵宾，给予他们良好的第一印象。

2.做好大型会议的服务礼仪：在会议期间，持续提供高质量的礼仪服务，包括但不限于引导、协助、信息传递等，确保会议的顺利进行。

活动一　迎接贵宾服务礼仪

★ 信息页

一、迎接贵宾

重要宾客到来时，引领人员应提前十分钟在大门口或者办公楼前等候迎接，并引领其进入会场。

在为贵宾做引导时，若二人并行，以右为上，应请客人走在自己的右侧，为其指引道路。在拐弯时，引领人员应前行一步，并伸手指引。若三人同行，中间为上，右侧次之，左侧为下，引领人员应走在左边。如果接待众多来访者，引领人员应走在客人的前面，并保持在客人左前方2~3步的距离，一面交谈一面配合客人的脚步，避免独自在前，将臀部朝着客人。引导客人时，应根据路线的变化，招呼客人行走的方向，如"请向这边走""请上楼"等。向来访者介绍情况或指示方向时，正确的手势是掌心稍微倾斜向上，四指自然并拢并伸直，拇指稍微弯曲，以表示对客人的尊重。

引导客人上楼时，应让客人走在前面，接待工作人员走在后面。若是下楼时，应该由接待工作人员走在前面，客人在后面。上下楼梯时，应注意客人的安全。在走廊时，接待的工作人员在客人两三步之前，客人走在内侧，遇到拐弯处要有手势指引并说"这边请"。

到达会议室门口，要主动为贵宾开门。具体做法如下。

1.朝里开的门，用右手轻轻推转门把手，顺势先进一步，同时换上左手握住门把手，接着侧身向客人说"请进"，并且以右手做引导客人进入的手势。

2.朝外开的门，则用左手拉开门，身体站在门旁，侧身向客人说"请进"，并以右手做引导客人进入的手势。

3.如果是旋转式的大门，应自己先迅速过去，侧身在另一边等候，向客人说"请进"，并以右手做引导客人进入的手势。

客人走进会场，接待工作人员应用手指示座位，请客人坐下，客人坐下后，行点头礼后离开。若需要为客人提供拉椅服务，应迅速到达位置，双手握住椅背两侧，轻轻拉出椅子，让来宾入座。

★ 形体训练：健美操基本手位训练

掌握健美操身体各部位的基本动作，以塑造正确的身体姿态，并增强身体的协调性、灵活性和柔韧性等。

健美操基本手位训练

（一）训练准备

1.配有镜子、把杆、专业地板的标准训练房。

2.软底鞋、体操服。

3.相应的音乐以及播放设备。

（二）训练方法与要领

1.无论手臂怎样交换，都要求动作流畅、连贯、平稳。

2.起手时要向远延伸；双腿拉直收紧，不要挺肚子。

3.整个动作状态中注意后背保持挺拔直立，有向上的感觉。

（三）训练内容

花球啦啦操36种手位动作

下A、上A、上V、下V手位图解。

| 下A | 上A | 上V | 下V |

加油、T、短 T、W 手位图解。

| 加油 | T | 短 T | W |

上 L、下 L、斜线、K 手位图解。

| 上 L | 下 L | 斜线 | K |

侧 K、弓箭、小弓箭、短剑图解。

| 侧 K | 弓箭 | 小弓箭 | 短剑 |

侧上冲拳、侧下冲拳、斜下冲拳、斜上冲拳手位图解。

| 侧上冲拳 | 侧下冲拳 | 斜下冲拳 | 斜上冲拳 |

高冲拳、R、上 M、下 M 手位图解。

| 高冲拳 | R | 上 M | 下 M |

曲臂 X、上 X、前 X、下 X 手位图解。

| 曲臂 X | 上 X | 前 X | 下 X |

X、上 H、小 H、曲臂 H 手位图解。

| X | 上 H | 小 H | 曲臂 H |

前 H、下 H、后 M、O 手位图解。

| 前 H | 下 H | 后 M | O |

任务单　迎接贵宾礼仪

礼仪要求：将学生两人分组，分别扮演宾客和引领人员，进行练习。

> 训练程序：两名同学互换角色进行演练，分别以门外迎候、楼梯引领、电梯引领、不同朝向的进门引领为场景。要求注意礼仪姿态及动作，要面带微笑、动作自然、用语恰当。

活动二　大型会议服务礼仪

★ 信息页

一、会议准备工作

（一）调配人员、分工负责

了解会议基本情况，明确服务中的要求和注意事项，并进行详细分工。每位工作人员须清楚自己的职责和整体工作安排，按照分工各自进行准备工作。

（二）会议用品准备

1. 茶水具：茶水杯、水杯、矿泉水等。

2. 文具用品：便笺纸、笔、文件材料等。

3. 其他用品：毛巾碟、鲜花、水果、饮料、点心等。

（三）会议摆台具体标准

1. 会议桌摆放。会议桌摆放与台布铺设。根据设计的台型摆放会议桌，确保桌与桌之间拼连整齐，横竖成直线，且摆放平稳。台型对边距会议室墙壁距离保持一致，台型四周与会议室墙壁平行，行与行间距一致，宽窄适度。

2. 台布铺设。铺设台布时，位于座位正前方的台布边缘距离地面约1厘米，边缘下垂，距离一致。

3. 椅子摆放。每张会议桌摆放3把椅子，椅子正前边缘轻靠桌布，间距一致，横竖成直线。椅子颜色统一，干净无破损。

4. 茶杯摆放。在每把会议椅正中前方，距靠近座位桌边35厘米处摆放杯垫。茶杯摆在杯垫正中，杯把统一朝向客人右侧。杯盖上如有气孔，气孔统一朝向杯把。

5. 水杯摆放。在茶杯杯垫左侧1~2厘米处摆放另一个杯垫。水杯摆在左侧杯垫正中间，其水平中心线与茶杯杯垫的中心线在同一直线上。

6. 矿泉水摆放。在水杯杯垫左侧1~2厘米处再摆放一个杯垫。矿泉水摆在左侧杯垫正中间，商标正面正对客人，其水平中心线与茶杯杯垫的中心线在同一直线上。

7. 毛巾碟摆放。在矿泉水垫左侧1~2厘米处摆放毛巾碟。毛巾碟的水平中心线与茶杯杯垫的中心线在同一直线上。

8. 笔和便笺纸或文件摆放。在每把会议椅正中前方，距靠近座位桌边1厘米处摆放便笺纸。

便笺纸摆放端正、整齐。在距便笺纸右下角 5 厘米的 45° 线上摆上笔，笔尖、会标统一向上。

摆台时，茶杯、水杯、矿泉水、毛巾碟等均须使用托盘。

二、会中茶水服务

1. 会前准备。

会议奉茶时间，需要选择在会议开始前 5 分钟左右。端放茶杯动作不要过高，不可从客人肩部和头部上方越过。为嘉宾倒第一杯茶，通常不要斟得过满，至杯深的 2/3 处为宜。

2. 倒水顺序。

以右为先。以主位或级别最高的领导为先，依次倒水、上茶；其余人员均按照顺时针顺序进行。

扫二维码

会间服务礼仪

3. 续水服务。

续水一般在会议进行到 15～20 分钟后进行。续水时，不要倒得太满（七分为宜）。加水礼仪：一夹，二握，三倒，四放，五盖，六调，七请。

4. 注意事项。

不能横过客户面前、越过肩膀、头部倒水；杯子放在客户右上方，杯子把手面朝客户 45°。茶歇服务需提前 15 分钟准备好。

★ 形体训练：健美操基本动作组合训练

培养对音乐的感知能力，能够按照音乐节奏进行自主练习。

养成积极参与锻炼的习惯，塑造正确的身体姿态，增强协调性、灵活性和柔韧性等。

培养勇于表现自己、善于表现自己的能力。

健美操基本动作组合训练

（一）训练准备

1. 配有镜子、把杆、专业地板的标准训练房。

2. 软底鞋、体操服。

3. 相应的音乐以及播放设备。

（二）训练内容

健美操组合

第一段

1-4 拍：左臂向左摆动一次，由大臂带动肘关节和腕关节柔和地运动。

5-8 拍：右臂向右摆动一次，由大臂带动肘关节和腕关节柔和地运动。

2-8 拍动作与 1-8 拍动作相同。

3-8 拍：双臂同时向两侧摆动两次。

4-8 拍：双臂同时向正前方摆动两次。

第二段

1-8 拍：左臂向左两次侧波浪，由大臂带动肘关节和腕关节依次运动。

2-8 拍：右臂向右两次侧波浪，由大臂带动肘关节和腕关节依次运动。

3-8 拍：双臂同时向两侧两次侧波浪。

4-8 拍：双臂同时向正前方两次侧波浪。

第三段

1-8 拍：左臂经前下、右侧，由上到侧绕一次，然后再做一次侧摆动。

2-8 拍：右臂经前下、左侧，由上到侧绕一次，然后再做一次侧摆动。

3-8 拍与 1-8 拍动作相同。

4-8 拍与 2-8 拍动作相同。

第四段

1-4 拍：左脚向左一次华尔兹，双臂同时向左侧摆动一次。

5-8 拍：右脚向右一次华尔兹，双臂同时向右侧摆动一次。

2-4 拍：左脚向前一次华尔兹，双臂同时向前上摆动一次。

5-8 拍：右脚向前一次华尔兹，双臂同时向前上摆动一次。

3-8 拍动作与 1-8 拍相同。

4-8 拍与 2-8 拍动作相同。

（三）分组训练

根据班级实际情况，进行分组训练，由小组长负责。

（四）评价

训练结束后完成下面的评价表。

评价项目	表情、节奏（2分）	组合（3分）	动作（3分）	态度（2分）	总分（10分）	
评价标准	表情自然、节奏准确	组合完整、流畅	动作熟练、规范准确	能吃苦、有毅力、认真	自评	互评
第　组						

评价项目	表情、节奏 （2分）	组合 （3分）	动作 （3分）	态度 （2分）	总分 （10分）	
第　组						
点评小组记录	优点： 问题：					

任务单

一、大型会议服务礼仪训练

情境设计：在近千人的大型研讨会上，有中方领导与外国专家参与，与会人员地位显赫、素质高，对服务礼仪的要求非常高。

1. 员工应根据工作岗位进行分工。

2. 个人形象准备：着装、仪表和举止等。

3. 场景及用具准备和摆放。

二、会中服务礼仪训练

礼仪要求：将全班同学分成两组，每组派 2 名同学担任服务员，进行茶歇礼仪服务。

训练程序：

（1）自行设计并布置茶歇台的形状。

（2）练习茶歇台上的食品、饮料、杯具及酒具的摆放。

（3）服务员需随时添加茶点，同时注意不要打扰到宾客。

（4）学生进行自我点评，教师给予指导。

任务评价

评价项目	具体要求	评价			
		优	良	差	建议
迎接贵宾、大型会议服务礼仪	1. 了解迎接贵宾、大型会议服务礼仪				
	2. 掌握礼仪人员迎送服务礼仪				
	3. 能够独立完成迎接贵宾、大型会议服务工作				
学生自我评价	1. 准时并有所准备地参加团队工作				
	2. 乐于助人并主动帮助其他成员				
	3. 遵守团队的纪律				
总计		个	个	个	总评

在迎接贵宾、大型会议服务礼仪的学习中，我的收获：

项目六

康乐部服务礼仪

　　酒店康乐部是为住店客人提供康体、娱乐和休闲保健等活动场所的部门，它是酒店为满足客人多样化的消费需要，吸引客人来此消费，提升酒店社会效益和经济效益的关键部门。根据旅游酒店星级评定的规格和标准，康乐部是高星级酒店不可或缺的条件。康乐部的设施状况直接影响到酒店的星级划分和评定。高星级酒店康乐部把满足和超越客人期望作为经营管理的起点和终点，根据不同的目标客人群体有针对性地设置不一样类型的康乐项目。康乐部服务员除了要熟悉服务工作流程外，还要严格遵守服务礼仪规范，其服务水平的高低将直接影响酒店的客源、声誉与经济效益。本项目我们将一起学习康乐服务礼仪，从康乐部的迎送服务礼仪和接待服务礼仪开始，为宾客提供周到、热情、细致的服务。

学习目标

　　1.能够使用文明礼貌的语言、规范的形体姿态进行接待，展现出员工的良好形象，强化服务人员的礼貌意识。

　　2.掌握康乐部前台迎送宾客接待服务礼仪知识。

　　3.能够运用迎宾服务礼仪，独立完成接待手续办理。

任务一　学习康乐部迎送服务礼仪

随着人们生活水平的提高，越来越多的人开始喜爱健身。酒店除了提供住宿、餐饮等服务之外，康乐项目也成为其发展不可或缺的一部分。它是酒店创建特色品牌的重要基础，也是酒店提供超值服务的必要条件，因此掌握康乐部的迎送服务礼仪非常重要。

工作情境

张先生是一位健身爱好者，他坚持在某酒店康乐部健身多年，成为了这里的常客。今天，他邀请了两位新朋友一同来健身。康乐部员工安迪负责接待张先生和他的朋友。

具体工作任务

1. 掌握康乐部迎宾服务礼仪；
2. 掌握接待流程和标准。

活动一　康乐部迎宾服务礼仪训练

酒店康乐部通常分为健身中心和娱乐休闲中心两部分，提供的服务项目多、岗位分工细，而且每个服务项目的独立操作性强，需要服务员提供全面的、高标准的礼仪服务。

★ 信息页

一、康乐部的迎宾服务礼仪

当宾客到来时，前台服务员要主动热情地迎宾、正确地进行自我介绍并快速地为其办理手续。在服务过程中，前台服务员要注意着装，保持微笑，与客户进行目光交流，认真聆听以及使用恰当的语言等礼仪规范，同时，要针对不同的项目提供不同的服务，以满足不同宾客的需求。

康乐部前台接待项目流程和标准

接待项目及流程	标准
微笑迎宾	服务员要着装整洁、精神饱满地迎接宾客的到来。见到宾客，要主动微笑、鞠躬并致问候语："您好！欢迎光临。"服务员应礼貌询问宾客准备消费的项目，请宾客出示消费卡或房卡
办理登记	前台服务员办理登记时，需双手接收宾客出示的房卡、消费卡或押金。不方便用双手时，应用右手接收，并请宾客稍等片刻

续表

接待项目及流程	标准
游泳项目	对于准备游泳的宾客，办理押金手续后，服务员应双手向宾客递送更衣柜钥匙并主动问询宾客的鞋码，收取、保管宾客的鞋，同时发放已消毒的拖鞋。向宾客致谢，并用规范的手势为宾客指示更衣室方向。必要时，在宾客左前方两三步远的地方亲自将宾客引领到更衣室
健身项目	为准备健身的宾客服务时，要用双手发放更衣柜的钥匙、毛巾等用品，宾客更衣完毕后，应主动迎候。对于首次消费的宾客应主动介绍健身项目，并征询其意向，让宾客自行选择健身项目
保龄球项目	对于准备打保龄球的宾客，服务员引导宾客到服务台办理领鞋、开道手续，并问明宾客的鞋码，把适脚的干净完好的保龄球鞋袜递给宾客，一同将保龄球球鞋的防止滑跌和保护跑道的功能告诉宾客
信息确认	宾客签单时，应将笔杆朝向宾客，单据的正面朝向宾客

形体训练：礼仪操

礼仪是中华民族的传统美德，从古至今，源远流长。服务礼仪操通过肢体训练，使枯燥的礼仪知识变得生动与有趣，便于记忆与实践，从而在服务过程中展现出更加专业和亲切的形象。

任务单

服务礼仪操（1~4节）

（一）塑形整理（共4×8拍）

1×8拍 整理头发、衣领。

　　1—4拍整理头发（五指并拢）。

　　5—8拍双手顺着领子移到领口处（见图6-1）。

2×8拍 整理领带（男）、扣子（女）。

　　1—4拍整理领带/扣子（双手叠放于领口处）。

　　5—8拍从领口平移下来整理领带/扣子（见图6-2）。

3×8拍 整理袖子。

　　1—4拍整理左手的袖子。

　　5—8拍整理右手的袖子（五指并拢，手臂伸直）（见图6-3）。

4×8拍 整理衣角（皮带）。

　　1—2拍中间整理。

　　3—4拍顺着衣角平移到旁边。

　　5—6拍整理。

7—8 拍放手（见图 6-4）。

图 6-1

图 6-2

图 6-3

图 6-4

（二）微笑点头（共 4×8 拍）

1×8 拍　正面行问候礼。

1—2 拍女生搭手（手指并拢，两手交叉相握，自然贴在小腹上）、男生保持双手相握的姿势（见图 6-5）。

3—4 拍鞠躬 30°（见图 6-6）。

5—6 拍起身。

7—8 拍女生放手。

2×8 拍　转身向左转的同学行问候礼。

1—2 拍同时转身相对。

3—4 拍向右转的女生搭手、男生保持不动。

5—6 拍向右转的同学先行礼鞠躬 30°。

7—8 拍起身放手。

3×8 拍　左转的同学回礼。

1—2 拍女生搭手、男生保持不动。

3—4 拍鞠躬 30°。

5—6 拍起身。

7—8 拍女生放手。

4×8拍　转身加点头礼。

1—4拍转身。

5—8拍点头礼（见图6-6）。

图6-5　　　　　　　　　　　　　　　图6-6

（三）行立转体（共4×8拍）

1×8拍　立正保持不动。

2×8拍

1—2拍女生右脚退后一小步、站成丁字步。

3—4拍搭手（女生手指并拢，两手交叉相握，自然贴在小腹上；男生左手握拳，右手握在左手的手腕上，自然贴在小腹上）。

5—6拍放手。

7—8拍女生收脚（见图6-7）。

3×8拍　后转身行走（见图6-8）。

4×8拍　转身行走（见图6-9）。

备注：以上所有站姿要在抬头、挺胸、收腹基础上完成。

图6-7　　　　　　　　　　图6-8　　　　　　　　　　图6-9

（四）鞠躬示意（共6×8拍）

1×8拍　右边请（中手位）

1—2拍转头看右边。

3—4拍右手自然抬起，手心斜向上，手臂与地面平行（五指并拢）。

5—6拍转头看正面。

7—8拍放手（见图6-10）。

2×8拍　左边请（中手位）

1—2拍转头看左边。

3—4拍右手抬至胸前向左指（五指并拢、手心向上，手臂与胸前相隔一拳）。

5—6拍转头看正面。

7—8拍放手（见图6-11）。

3×8拍　上面请（上手位）

1—4拍右手抬起至手臂与肩平行，抬头眼睛看向指尖的位置。

5—6拍转头看正面。

7—8拍放手。

4×8拍　请坐（下手位）

1—4拍手臂伸直向前至身体中间，手心向上，微弯腰，低头眼睛看手。

5—6拍直起身体，抬头，眼睛正视前方。

7—8拍收手（见图6-12）。

5×8拍　右边请（下手位）

1—4拍手臂伸直向右与身体平行，手心向上，微弯腰，低头眼睛看手。

5—6拍直起身体，转头正视前方。

7—8拍收手。

6×8拍　后退右边请（下手位）

1拍退左脚，2拍退右脚（女生退成丁字步，男生退成90°脚）。

3—4拍手臂伸直向右与身体平行，手心向上，微弯腰，眼睛看正前方。

5—6拍收手，7拍右脚上步，8拍左脚上步（见图6-13）。

图6-10

图6-11

图 6-12　　　　　　　　　　　　　图 6-13

（五）握手致礼（共 4×8 拍）

1×8 拍　伸手。

　　　　　1—2 拍伸手（手臂伸直，四指并拢，虎口打开，身体微弯 30°）。

　　　　　3—4 拍保持。

　　　　　5—6 拍直起身体。

　　　　　7—8 拍收手（见图 6-14）。

2×8 拍　转身相对，行握手礼（见图 6-15）。

3×8 拍

　　　　　1—4 拍转身相对。

　　　　　5—6 拍向右转的同学直立伸手。

　　　　　7—8 拍向左转的同学直立握手。

4×8 拍　行握手礼。

　　　　　1—2 拍两排同时鞠躬 30°。

　　　　　3—4 拍两排同时起身。

　　　　　5—6 拍放手。

　　　　　7—8 拍转身（见图 6-16）。

图 6-14　　　　　　　　　　图 6-15　　　　　　　　　　图 6-16

（六）蹲姿递接（共4×8拍）

1×8拍

　　　　1—2拍右脚向后撤半步。

　　　　3—4拍蹲下。

　　　　5—6拍拾物。

　　　　7—8拍起身（见图6-18，6-19，6-20）。

2×8拍　递送物品。

　　　　1—2拍双手向前抬起与手臂成90°，手掌与小手臂平行，手心向上。

　　　　3—4拍手臂伸直向前水平送出去，身体微弯30°。

　　　　5—6拍直起身体，手收回与1—2拍一致。

　　　　7—8拍放手（见图6-21）。

3×8拍　同1×8拍。

4×8拍　同2×8拍。

图6-18

图6-19

图6-20

图6-21

（七）介绍导示（4×8拍）

1×8拍　自我介绍。

　　　　1—2拍抬手至胸前，手心向内，手臂抬起。

3—6 拍保持四拍。

7—8 拍放手（见图 6-22）。

2×8 拍 介绍右边。

1—2 拍右手自然抬起，同时转头看右边，手心斜向上，手臂与地面平行（五指并拢）。

3—4 拍保持。

5—6 拍转头向正面。

7—8 拍放手（见图 6-23）。

3×8 拍 介绍左边。

1—2 拍左手自然抬起，同时转头看左边，手心斜向上，手臂与地面平行（五指并拢）。

3—4 拍保持。

5—6 拍转头向正面。

7—8 拍放手（见图 6-24）。

4×8 拍 集体介绍。

1—2 拍双手自然打开，手心斜向上，手臂与地面平行（五指并拢）。

3—6 拍保持。

7—8 拍放手（见图 6-25）。

图 6-22

图 6-23

图 6-24

图 6-25

（八）助臂引领（共4×8拍）

1×8拍

  1—2拍 右手臂自然打开，手心斜向上。

  3—4拍 双手侧放式站立。

  5—8拍 动作同上，左手臂。

2×8拍 伸出右手，引领方位（见图6-26）。

3×8拍 伸出左手，引领方位（见图6-27）。

4×8拍

  1—2拍 鼓掌礼。双手向左上方抬起至胸前鼓掌，拍半掌（见图6-28）。

  3—4拍 再见礼。右手自然抬起至耳朵旁，五指并拢，左右摇晃手掌（见图2-29）。

5×8拍 双手腹前握指式站立。

     图6-26   图6-27

     图6-28   图6-29

任务单

自我介绍礼仪

（一）训练准备

将学生分成两组，一组扮演宾客，一组扮演服务员。

续表

（二）训练目的

通过模拟练习掌握自我介绍礼仪。

礼仪要求：微笑、亲切自然、眼神友善、充满信心、语言清晰流畅、内容简单明了，注意自我介绍的时机。

（三）训练程序

1. 分小组讨论，设计情境；

2. 写出模拟对话过程；

3. 小组学生互换角色，轮流表演；

4. 训练时拍成视频，小组反复观看，分组进行交流；

5. 学生展示、教师指导、小组点评。

活动二　康乐部送客服务礼仪

酒店康乐中心的经营项目最终要通过服务才能实现，服务质量的高低，直接关系到经营项目的质量和企业经济效益。送客服务和迎客服务一样重要，让客人在酒店中享受一致性的服务质量是非常重要的。

★ 信息页　送客服务流程及标准

送客服务流程及标准

服务流程	标准
起立相送	宾客打算离去时，服务员要起身送出，但一定要待宾客起身后，自己再站起来，否则会有撵客之嫌。留意是否有物品遗漏，这不仅是体贴宾客的行为，还能减少保管宾客物品的麻烦及责任
欢迎再来	将宾客送至门外，尤其对远道而来的宾客更应表达关心。礼貌向宾客道别，说"请走好""再见""请下次再来"等，并用肢体语言表示感谢，鞠躬45°以表示衷心的谢意，然后迅速直起身来
目送离去	一般将宾客送到门外，若送到电梯口，应为宾客按电梯，陪宾客等候，挥手告别后目送宾客下楼或乘电梯离去
主动道别	宾客离开时，提醒宾客带好自己的东西，主动道别，欢迎下次光临

任务单

一、健身房接待服务礼仪训练

（一）训练准备

将学生分成两组，一组扮演宾客，一组扮演服务员。

（二）训练目的

通过训练掌握健身房接待服务礼仪。

礼仪要求：主动问候、热情服务，以良好的服务态度和礼仪规范对待宾客。

（三）训练程序

1. 分小组讨论，设计情境；

2. 写出模拟对话过程；

3. 小组学生互换角色，轮流表演；

4. 训练时拍成视频，小组反复观看，分组进行交流；

5. 学生展示、教师指导、小组点评。

二、保龄球接待服务礼仪训练

（一）训练目的

通过训练掌握迎宾服务礼仪，培养良好的服务态度，为更好地完成接待服务工作打下基础。

礼仪要求：调整心态，面带微笑，声音甜美；主动问候，语言规范简练，语音适中，语气柔和、亲切；手势准确，仪态端庄、大方。

（二）训练程序

1. 小组学生互换角色，轮流表演；

2. 训练时拍成视频，小组反复观看，分组进行交流；

3. 学生展示、教师指导、小组点评。

任务评价

评价项目	具体要求	评价			
		优	良	差	建议
康乐部迎送服务礼仪	1. 掌握康乐部迎宾服务礼仪				
	2. 掌握康乐部送客服务礼仪				
	3. 能够完成康乐迎送服务工作				
自我评价	1. 准时并有所准备地参加团队工作				
	2. 乐于助人并主动帮助其他成员				
	3. 能够倾听他人意见并与之交流				
	4. 全力以赴参与工作并发挥了积极作用				
小组评价	1. 团队合作良好，都能礼貌待人				
	2. 团队成员在工作中彼此信任，互相帮助				
	3. 所有成员对团队工作都有所贡献				
	4. 对团队的工作成果满意				
总计		个	个	个	总评

在康乐部迎送服务礼仪的学习中，我的收获：